O Segredo para o Amor, a Saúde e o Dinheiro

Uma Masterclass

O Segredo para o Amor, a Saúde e o Dinheiro

Uma Masterclass

Rhonda Byrne

SEXTANTE

Título original: *The Secret to Love, Health, and Money: A Masterclass*

Copyright © 2021 por Making Good, LLC. THE SECRET e o logo THE SECRET são marcas registradas de propriedade da Creste, LLC.
Copyright da tradução © 2022 por GMT Editores Ltda.
Publicado em acordo com a editora original, Atria Books, um selo de Simon & Schuster, Inc.

www.thesecret.tv

Todos os direitos reservados. Nenhuma parte deste livro pode ser utilizada ou reproduzida sob quaisquer meios existentes sem autorização por escrito dos editores.

tradução: Beatriz Medina
preparo de originais: Pedro Siqueira
revisão: Ana Grillo e Hermínia Totti
direção criativa e ilustrações: Nic George
projeto gráfico e ilustrações: Josh Hedlund para Making Good, LLC
adaptação de capa e diagramação: Natali Nabekura
impressão e acabamento: Bartira Gráfica

CIP-BRASIL. CATALOGAÇÃO NA PUBLICAÇÃO
SINDICATO NACIONAL DOS EDITORES DE LIVROS, RJ

B999s
    Byrne, Rhonda, 1951-
        O segredo para o amor, a saúde e o dinheiro / Rhonda Byrne ; [tradução Beatriz Medina]. - 1. ed. - Rio de Janeiro : Sextante, 2022.
        304 p. ; 21 cm.

    Tradução de: The secret to love, health, and money: a masterclass.
    ISBN 978-65-5564-498-2

    1. Motivação (Psicologia). 2. Sucesso - Aspectos psicológicos. 3. Autorrealização (Psicologia). 4. Felicidade. I. Medina, Beatriz. II. Título.

22-79703   CDD: 158.1
                                      CDU: 159.923.2

Gabriela Faray Ferreira Lopes - Bibliotecária - CRB-7/6643

Todos os direitos reservados, no Brasil, por GMT Editores Ltda.
Rua Voluntários da Pátria, 45 – Gr. 1.404
Botafogo – 22270-000 – Rio de Janeiro – RJ
Tel.: (21) 2538-4100 – Fax: (21) 2286-9244
E-mail: atendimento@sextante.com.br
www.sextante.com.br

Nota: *O Segredo para o amor, a saúde e o dinheiro* contém os princípios da lei da atração – uma ferramenta poderosa que está à disposição de todos para atrair uma vida abundante, saudável e feliz.

As informações contidas neste livro pretendem ser esclarecedoras e educacionais e não devem ser consideradas um substituto da orientação profissional, jurídica, financeira, empresarial ou de carreira. As práticas financeiras sugeridas só devem ser usadas com um plano racional baseado em sua pesquisa e em conjunto com um orientador de carreira, um assessor empresarial, um corretor de investimentos, um planejador financeiro ou um contador competente, como a situação exigir.

Do mesmo modo, as informações apresentadas não devem substituir a consulta a um profissional de saúde qualificado. Os processos aqui descritos só devem ser usados para complementar um programa responsável de tratamento receitado por um profissional de saúde competente. Sob nenhuma circunstância essas informações podem ser usadas para diagnósticos, receitas ou tratamentos de qualquer transtorno de saúde. Naturalmente, a decisão de descontinuar o uso de medicamentos ou tratamentos receitados só deve ser tomada com a ajuda de um profissional.

A autora e a editora não são legalmente responsáveis por quaisquer maus usos deste material.

Dedicado a você.

*Que O Segredo lhe traga amor e alegria
por toda a sua existência.*

*Essa é a minha intenção para você
e para o mundo.*

Sumário

O SEGREDO PARA O AMOR

Introdução: O Segredo para o amor   3

Lição 1: O amor e a lei da atração   6

Lição 2: O poder dos pensamentos e dos sentimentos   15

Lição 3: O Segredo dos relacionamentos incríveis   27

Lição 4: O processo criativo dos relacionamentos   38

Lição 5: Imaginação e relacionamento   47

Lição 6: Gratidão e relacionamentos   58

Lição 7: O Segredo para você   69

Lição 8: A maior dádiva   78

Resumo: O Segredo para o amor   85

O SEGREDO PARA A SAÚDE

Introdução: O Segredo para a saúde   93

Lição 1: Revelação do Segredo para a saúde   96

Lição 2: A saúde e o inconsciente   107

Lição 3: Sentir-se bem: o caminho rápido para a boa saúde   118

Lição 4: O processo criativo da saúde   131

Lição 5: Gratidão pela saúde   143

Lição 6: Visualizar a saúde   153

Lição 7: Afirmar a saúde   167

Lição 8: Você imortal   179

Resumo: O Segredo para a saúde   183

O SEGREDO PARA O DINHEIRO

Introdução: O Segredo para o dinheiro   187

Lição 1: O Segredo do dinheiro   189

Lição 2: Sentimentos a respeito do dinheiro   203

Lição 3: A mentalidade da riqueza   216

Lição 4: O processo criativo do dinheiro   231

Lição 5: Gratidão pelo dinheiro 244

Lição 6: Imaginação e dinheiro 257

Lição 7: Carreira e negócios 265

Lição 8: Doar e compartilhar 282

Resumo: O Segredo para o dinheiro 289

O Segredo para o Amor

INTRODUÇÃO

O Segredo para o Amor

Quatorze anos atrás, minha vida desmoronou. Eu tinha trabalhado até a exaustão, estava sofrendo pela morte súbita do meu pai, e meu relacionamento com meus colegas de trabalho e as pessoas que eu amava virara um grande caos. Mas foi aí que descobri um segredo que mudou todos os aspectos da minha vida, inclusive minha saúde, minhas finanças e meus relacionamentos. Decidi dividir esse conhecimento com o mundo e, desde então, O Segredo ajudou dezenas de milhões de pessoas no mundo inteiro. Com certeza ele também pode ajudar sua vida e seus relacionamentos.

Se você atraiu este livro para sua vida, então talvez queira melhorar ou curar seus relacionamentos ou, quem sabe, atrair outros. Talvez esteja procurando o parceiro perfeito, talvez queira restaurar um casamento, melhorar o relacionamento com seus colegas de trabalho, recuperar as relações com a família ou os amigos ou encontrar amigos novos. O Segredo que descobri pode ajudar você a conseguir tudo isso e muito, muito mais.

Com O Segredo, você pode ser, ter ou fazer tudo que quiser, em todas as áreas da vida.

Mas, pensando bem, são os relacionamentos que dão o verdadeiro sentido à vida. Sem alguém com quem dividir, provavelmente há pouquíssimas coisas que você de fato queira ser, ter ou fazer.

Imagine se você fosse a única pessoa da Terra; não teria desejo de ser, ter nem fazer nada. De que adiantaria pintar um quadro se ninguém o visse? De que adiantaria compor uma música sem ninguém para ouvir? De que adiantaria inventar alguma coisa se não houvesse utilidade para ela? Não haveria razão para ir de um lugar a outro, porque aonde quer que você fosse seria igual a onde estava antes: não haveria ninguém lá. Não haveria prazer nem alegria na vida. *São os contatos e as experiências com os outros que dão alegria, sentido e propósito à vida.*

Seus relacionamentos são ótimas oportunidades de transformar sua vida por meio de pensamentos e sentimentos positivos. Afinal, quanto mais gratidão sentimos por nossos relacionamentos e quanto mais bondade demonstramos aos outros, mais a nossa vida melhora. Do mesmo modo, quanto mais amor você tiver pelas pessoas à sua volta, mais amor voltará para você, e mais incrível será sua vida! O que você dá – amor, gratidão, bondade – volta para você.

Seus relacionamentos afetam sua vida de muitas maneiras, mais do você imagina, e faz sentido que os relacionamentos felizes e amorosos sejam nossa prioridade. Este livro lhe mostrará exatamente como criar ótimos relacionamentos. Você verá em primeira mão a transformação que pode acontecer em todas as áreas da sua vida – finanças, saúde, metas e sonhos pessoais – e na sua alegria e felicidade.

LIÇÃO 1

O Amor e a Lei da Atração

Todo o Universo é governado por leis naturais. Podemos voar em aviões porque a aviação funciona em harmonia com essas leis naturais. As leis da física não mudaram para conseguirmos voar, só demos um jeito de trabalhar de acordo com elas. Assim como as leis da física governam a aviação, a eletricidade e a gravidade, há uma lei que governa nossa vida. Para melhorar ou restaurar um relacionamento ou atrair um novo, você precisa entender essa lei, a mais poderosa do Universo: a lei da atração.

Da maior à menor coisa do Universo – é a lei da atração que mantém todas as estrelas no céu e forma todos os átomos e moléculas. A atração do Sol mantém os planetas no sistema solar e impede que saiam girando pelo espaço. A atração da gravidade mantém você e todas as pessoas, animais, plantas e minerais na Terra. Pode-se ver a atração em toda a natureza, na flor que atrai abelhas, na semente que atrai nutrientes do solo, em cada criatura viva que é atraída para sua própria espécie. A atração opera em todos os animais da Terra, nos peixes no mar e nas aves no céu, levando-os a se multiplicar e formar rebanhos, cardumes e bandos. A atração mantém unidas as células do seu corpo, o material de construção da sua casa e a mobília onde você se senta. Mantém seu carro na estrada e a água no copo. Na verdade, cada objeto que você usa é sustentado pela força da atração.

A atração também é a força que aproxima uma pessoa da outra. Ela leva as pessoas a formarem grupos, comunidades e sociedades com interesses em comum. É a força que atrai uma pessoa para a ciência e outra para as artes. Ela leva as pessoas a vários esportes, a diversos estilos de música e de moda, a determinados animais de estimação. A atração é a força que puxa você para seus lugares e suas coisas favoritas, e também para seus amigos e as pessoas que ama.

A lei da atração é a lei todo-poderosa que mantém tudo em harmonia, dos átomos às galáxias. Ela funciona em tudo e por tudo, no Universo inteiro. E é a lei que atua em sua vida.

Exatamente como ela funciona na sua vida? A *física quântica* explica que tudo no Universo é feito de energia vibrando em uma determinada frequência, e isso inclui seus pensamentos. Os pensamentos também são feitos de energia; eles podem ser medidos, e cada um tem uma frequência.

Seus pensamentos atraem pessoas, circunstâncias e eventos que estão na mesma frequência. Os iguais se atraem, e, pela lei da atração, as coisas em que você mais pensa são as que chegam à sua vida. Em outras palavras, você cria sua vida por meio dos seus pensamentos. Tudo que chega à sua vida foi você que atraiu por meio do que você pensou.

Como todas as leis da natureza, a lei da atração é imutável; ninguém está acima dela nem é excluído dela. Ela é impessoal e opera em todos nós igualmente – em todos os aspectos, em cada um dos pensamentos.

Os Relacionamentos e a Lei da Atração

O que a lei da atração significa em poucas palavras para seus relacionamentos é: o que você *pensa* sobre seus relacionamentos é o que você *atrai* para seus relacionamentos. Não é possível ter pensamentos de insatisfação a respeito de um relacionamento e depois viver uma relação cheia de amor. Por exemplo, não é possível pensar "Essa pessoa já não me ama tanto" e testemunhar o amor dessa pessoa por você aumentar. É preciso ter pensamentos de amor para atrair o amor. Você é um ímã neste Universo, e tudo em que pensar, pela lei da atração, voltará para sua vida por meio de pessoas, circunstâncias e eventos.

É como diz o velho ditado: você colhe o que semeia. Os pensamentos são as sementes, e a colheita vai depender do tipo de semente que você plantou. Tenha pensamentos positivos e você atrairá pessoas, circunstâncias e eventos positivos para sua vida. Tenha pensamentos negativos e você será cercado de pessoas, circunstâncias e eventos negativos. É a física da mente e a matemática do Universo. Porque, como os físicos estão descobrindo, este é um Universo mental.

Portanto, vamos definir pensamentos positivos e pensamentos negativos.

Pensamentos positivos são sobre o que você quer! Os negativos, sobre o que você não quer.

Sempre que pensa, você tem pensamentos positivos ou negativos. E o fato de serem positivos ou negativos determina o que você atrai para seus relacionamentos e sua vida. Todas as pessoas, circunstâncias e eventos que formam cada momento da sua vida são atraídos por seus pensamentos. O que você está vivendo agora é decorrente do que pensou antes. Quando não conhece o poder dos seus pensamentos na criação da sua vida, você acaba atraindo exatamente aquilo que não quer. Mas isso mudará a partir de agora com o que você vai descobrir neste livro.

Quando tem pensamentos positivos, você atrai pessoas, circunstâncias e eventos positivos. Mas quando tem pensamentos negativos ou ruins, pessoas, circunstâncias e eventos negativos e ruins vêm para sua vida.

A vida não acontece simplesmente, e o estado dos seus relacionamentos não é aleatório; você atraiu tudo na sua vida com base no que pensou. Pense positivamente sobre os outros e toda essa positividade com certeza voltará para seus relacionamentos e elevará todas as outras áreas da sua vida.

Pense negativamente sobre os outros, com pensamentos de queixa, culpa, raiva ou quaisquer outros sentimentos negativos, e você atrairá negatividade para sua vida – isso é garantido! Quando volta, a negatividade provoca mais pensamentos negativos e atrai mais negatividade, e assim por diante.

A mesma coisa acontece quando você escuta alguém reclamar e se concentra na reclamação dessa pessoa. Se demonstra empatia e concorda com ela, nesse momento você atrai mais situações e pessoas para culpar e reclamar. Isso é verdade, não importa a validade das reclamações ou da razão de culpar os outros.

> *Ouvi falar de uma mulher que passava por um período muito infeliz em sua vida romântica. Os terapeutas*

identificaram as razões disso nos relacionamentos abusivos sofridos na infância. No entanto, a mulher passou a ver que sua tendência a reclamar e culpar os outros pelos problemas da vida também contribuía para os maus relacionamentos. Só quando parou de procurar razões para reclamar e culpar os outros e buscou razões para amar e apreciar as pessoas é que a situação começou a mudar.

Quase imediatamente depois dessa mudança de pensamento, ela foi apresentada ao seu par perfeito. Pela personalidade, pelos valores e até pela cor dos olhos e do cabelo dele, ele era o homem dos seus sonhos. Em três meses ficaram noivos e, dois anos depois, se casaram. O extraordinário desse casal é que, por coincidência, suas vidas se cruzaram várias vezes no decorrer de vinte anos. Sem saber, tinham em comum familiares, destinos de férias e tinham até trabalhado na mesma empresa durante três anos... mas nunca se encontraram. Foi quase como se o Universo os mantivesse separados até o dia em que essa mulher percebeu a necessidade de parar de reclamar e culpar os outros. Na verdade, foi exatamente isso que aconteceu.

O Jogo da Culpa

As palavras são muito poderosas; pela lei da atração, você atrai para si o que pensa ou diz sobre outra pessoa. Quando culpa alguém ou reclama de alguém, na verdade você prejudica *sua própria* vida. É *sua* vida que vai sofrer.

Culpar e reclamar são formas poderosas de negatividade. Trazem muito conflito. A cada pequena reclamação e culpa que atribui a outra pessoa, você atrai para si toda uma série de situações erradas que vai lhe fazer reclamar ainda mais. Reclamar do governo, do parceiro, dos filhos, dos pais, dos vizinhos, das longas filas, da economia, da comida, do trabalho, dos clientes, das empresas, dos preços, do barulho ou do serviço parece uma coisa pequena e inofensiva. Mas traz consigo uma negatividade que afetará seus relacionamentos e sua vida como um todo.

Quando se aborrece porque houve um mal-entendido em um compromisso e responsabiliza outra pessoa por isso, você usa a culpa como justificativa para não pensar positivamente. Mas a lei da atração só reage ao que *você* está pensando, seja qual for a situação, e, se está culpando alguém, você atrairá culpa para sua vida. Ela não virá necessariamente da pessoa que você culpou, mas você com certeza a receberá. Não há desculpas para a lei da atração. Seus pensamentos dominantes, quaisquer que sejam, determinam o que você receberá de volta. Você cria sua vida futura com os pensamentos que tem neste momento!

Também é verdade que quanto mais pensar nas coisas que ama, mais coisas que ama você receberá. Quando pensa no que ama, não importa sobre o que ou quem sejam esses pensamentos, o amor volta e lhe traz circunstâncias que você ama. Como você ama as novas circunstâncias que surgiram, isso vai atrair mais coisas positivas, acrescentando ainda *mais* amor e positividade à sua vida, e assim por diante. Portanto, para atrair mais amor à sua vida, você só precisa pensar no que ama.

> *Conheço um casal que usou isso para dar uma virada extraordinária em seu casamento. Eles tinham pouco tempo de casados quando o relacionamento começou a estagnar. Os dois levavam vidas praticamente separadas. Embora mal aguentasse dormir na mesma cama que o marido, a esposa estava decidida a salvar o casamento. O que ela fez foi observar todas as pequenas coisas que ele fazia por ela e lhe dizer como o apreciava. De repente, não havia nada que ele não fizesse por ela. Os dois voltaram a rir e brincar, e a paixão entre eles se reacendeu.*

Há um ditado, muitas vezes atribuído a Gandhi, que diz o seguinte: "Você precisa ser a mudança que deseja ver no mundo."

O que essa jovem esposa fez foi aplicar essa mesma ideia ao casamento. Se quiser mudar um relacionamento, é preciso que você seja a mudança, transformando o modo como pensa nesse relacionamento. Quanto mais pensamentos positivos de amor, apreciação e gratidão você tiver por seu relacionamento, mais atrairá circunstâncias e eventos positivos para ele. Você tem de *ser* a mudança que quer *ver* no seu relacionamento! E tudo que você precisa fazer é mudar seus pensamentos. Essa única coisa muda tudo!

Pergunte-se: estou tendo pensamentos positivos suficientes no meu relacionamento? Porque os pensamentos positivos vêm do amor e se baseiam nele, enquanto os pensamentos negativos são a ausência de amor.

Você pode saber quantos pensamentos positivos tem a respeito de um relacionamento neste momento. Se seu relacionamento é ótimo, significa que você tem mais pensamentos positivos do que negativos. Se ele é difícil ou complicado, significa que, sem querer, você tem mais pensamentos negativos do que positivos sobre ele.

Lembre-se sempre: por mais complicado que pareça, o problema não é a outra pessoa. Alguns acham que o relacionamento é bom ou ruim por causa da outra pessoa, mas a vida não é assim. Você não pode dizer à lei da atração: "Só terei pensamentos positivos quando a outra pessoa mudar!" Você não receberá nada na vida se não der primeiro! O que der você receberá, e a questão não é a outra pessoa: é você! É o que você está pensando, o que está emitindo, o que está dando. Porque, quando tiver pensamentos positivos sobre os outros, você terá relacionamentos extraordinários e uma vida incrível.

LIÇÃO 2

O Poder dos Pensamentos e dos Sentimentos

Você pode mudar sua vida e seus relacionamentos porque tem uma capacidade ilimitada de pensar positivamente. Quando pensa no que quer e no que ama, você traz para si tudo de bom na vida, inclusive pessoas boas e relacionamentos bons!

De acordo com a lei da atração, o que você pensa é a causa primária de tudo na sua vida. Isso inclui sua saúde, seu emprego, sua situação financeira, sua condição de vida e todos os seus relacionamentos. O que você pensa é o que vai acontecer, ou seja, tudo que você vê e vivencia neste mundo é *efeito*. A *causa* está sempre em seus pensamentos.

Sentimentos: Combustível para seus Pensamentos

Se tiver medo de que um pensamento aleatório surja na sua cabeça e mude o rumo da sua vida, relaxe. Você tem muitos pensamentos por dia que não dão em nada, porque eles não provocam um sentimento forte dentro de você. Seus pensamentos são ampliados quando somados a sentimentos fortes. E você sempre tem sentimentos fortes quando acredita que seus pensamentos são verdadeiros!

Deixe-me explicar: imagine que seus pensamentos são o foguete, e seus sentimentos, o combustível. O foguete é um veículo estacionário que não pode fazer nada sem combustível, porque o combustível é o poder que o movimenta. É o mesmo com seus pensamentos. Sem os sentimentos, seus pensamentos não têm o mesmo poder. Embora os pensamentos continuem a ser a causa primária de tudo, os sentimentos são o que faz os pensamentos se manifestarem mais depressa. Quanto mais sentimentos tiver a respeito do que está pensando, mais poder acrescenta àquele pensamento e mais cedo o pensamento se manifesta na sua vida.

Seus sentimentos também têm outro propósito: ajudam você a saber que tipo de pensamento está tendo. Bons pensamentos sempre causam bons sentimentos, enquanto maus pensamentos causam maus sentimentos. Se quiser saber se tem pensamentos positivos ou negativos, tome consciência de como está se sentindo. Sempre que se sentir bem, pode ter certeza de que seus pensamentos também têm sido bons. Sempre que não estiver se sentindo bem, é um sinal de que você tem tido pensamentos negativos, e é bom prestar mais atenção no que está pensando.

O modo como se sente a respeito de qualquer relacionamento também é influenciado por seus pensamentos sobre ele. Quando se sente feliz ou grato por um relacionamento, por exemplo, você tem pensamentos positivos a respeito dele. Quando se sente zangado ou frustrado com um relacionamento, é porque você tem pensamentos negativos a respeito dele.

Quando você pensa "Não suporto meu chefe", provavelmente um forte sentimento negativo vem junto, e, pela lei da atração, você atrairá situações que farão seu relacionamento com seu chefe piorar.

Quando pensa "Trabalho com pessoas fabulosas", provavelmente um forte sentimento positivo vem com esse pensamento, e você atrairá situações que farão seu relacionamento com seus colegas continuar a melhorar ainda mais.

Ou, em poucas palavras:

Quanto mais pensamentos bons tiver, melhor você vai se sentir e melhor ficará sua vida.

Quanto mais pensamentos ruins tiver, pior você vai se sentir e pior ficará sua vida – até você mudar seu jeito de pensar.

> *Uma mulher passou dez anos trabalhando no mesmo lugar e era muito infeliz, não tanto com o trabalho que fazia, mas com as pessoas com quem trabalhava. O problema era que ela estava cercada de fofocas, reclamações constantes e negatividade. E, sem perceber, foi levada a se comportar da mesma maneira. Como os colegas, ela descobriu que nunca tinha nada de bom a dizer. Quando tomou consciência da sua participação nisso tudo, ela fez um esforço consciente para ser feliz e entusiasmada no trabalho e evitar todas as fofocas. A reação foi praticamente instantânea. Em poucos dias, começou a gostar do trabalho. E, por se recusar a alimentar a negatividade, viu que os fofoqueiros e reclamões não dividiam mais com ela suas queixas. Ela não fez esforço algum para evitá-los. Simplesmente escolheu ver o que havia de melhor neles, ou seja, ela os viu cada vez menos. Enquanto isso, percebeu que estava cercada por um novo grupo de amigos que eram divertidos, positivos e gostavam de ficar juntos. Melhor ainda, um desses novos amigos se tornou seu namorado, e agora os dois estão planejando se casar.*
>
> *Além de atrair relacionamentos melhores, essa mulher transformou sua vida inteira simplesmente ao ter pensamentos bons e se manter positiva no trabalho!*

Mude Qualquer Relacionamento

Quando muda seu modo de pensar a respeito de um relacionamento, você muda os pensamentos que emite, e o relacionamento *tem* que mudar para refletir seu novo modo de pensar. É simples assim.

Mesmo que não consiga imaginar de que modo um relacionamento específico pode mudar para algo positivo, saiba que isso pode acontecer!

Se estiver num relacionamento difícil com alguém, você pode usar uma prática muito simples e poderosa que só leva alguns minutos por dia. Basta sentir amor em seu coração pela pessoa; então, abra seu coração e envie esse amor para o Universo. Fazer isso ajuda a remover todo ressentimento, raiva e negatividade que você possa ter dentro de si pela pessoa.

Por outro lado, você nunca melhorará um relacionamento com a negatividade. Sentir ressentimento, raiva ou qualquer emoção negativa por outra pessoa atrai tudo isso para você. Quando sente amor, você atrai amor. O que sente pelo outro, você traz para si. Se achar difícil sentir-se bem com uma pessoa ou um relacionamento específico, concentre-se em amar tudo que estiver em volta. E faça o máximo que puder para deixar de dar atenção às coisas negativas do relacionamento.

Você tem o poder de mudar tudo, porque é você quem escolhe seus pensamentos e quem tem seus sentimentos. Isso significa que você pode mudar qualquer relacionamento negativo da sua vida, mas não se permanecer negativo; não é possível mudar com pensamentos e sentimentos negativos. É preciso reagir de forma diferente ao relacionamento, porque, se você continuar reagindo negativamente, esses pensamentos vão ampliar e multiplicar qualquer negatividade. Quando você tem bons pensamentos e bons sentimentos, as coisas boas do relacionamento vão se ampliar e se multiplicar.

> *Duas grandes amigas brigaram por algo bem trivial, mas, depois de passarem meses sem se falar, pareceu que a amizade tinha terminado. Uma delas ficou tão aborrecida que sentiu que tinha chegado ao fundo do poço. Finalmente, decidiu mudar a vida para melhor e se comprometeu em ser positiva e se sentir feliz. Apesar de várias coisas estressantes acontecendo na sua vida, ela conseguiu se elevar a ponto de sentir--se realizada. Mais ou menos nessa época, uma colega em comum lhe perguntou se tinha feito as pazes com a melhor amiga. Ela respondeu que não, que não estavam se falando, mas que tinha certeza de que logo voltariam a ser amigas. Naquela noite, ela estava de muito bom humor e teve vontade de fazer uma lista de todas as bênçãos da sua vida. Foi deitar-se se sentindo melhor do que nunca. Na manhã seguinte, recebeu uma mensagem da melhor amiga dizendo que sentia muitas saudades da amizade delas e que estava muito triste por terem brigado.*

A lei da atração só foi capaz de reunir essas duas melhores amigas quando elas conseguiram elevar seus pensamentos uma sobre a outra.

O Poder de se Sentir Bem

Sempre que enfrentar uma situação negativa num relacionamento, a solução é ter bons pensamentos e se sentir bem, apesar do que está acontecendo. Você não sabe *como* tudo vai se resolver, mas, se mantiver o pensamento positivo e continuar a se sentir bem, vai se resolver. Quando você se sente bem, só entrarão na sua vida pessoas na mesma frequência que a sua.

Tenha consciência de que sentir amor por alguém com quem você está enfrentando dificuldades não significa permitir que pisem nem agridam você. Sem dúvida, isso também não é amor. Permitir que alguém use você não ajuda essa pessoa e, com certeza, não ajuda você. A questão é: coloque-se na frequência mais elevada e positiva que conseguir, e a lei da atração resolverá a situação *por* você.

Se você se mantiver na frequência de bons sentimentos enquanto alguém em sua vida permanece na frequência negativa, a lei da atração vai separar vocês. O fim do relacionamento entre duas pessoas *resulta* do fato de elas não estarem mais na mesma frequência. Quando a frequência das pessoas não combina mais, a lei da atração age automaticamente e as separa.

É fascinante ver como a lei da atração responde à mudança da frequência das pessoas.

> *Assim que terminou o ensino médio, uma moça conheceu um homem e se envolveu em um romance complicado. Ela deixou a cidade natal, a família e os amigos e foi para longe com ele, em busca de trabalho e de uma nova vida. Eles se casaram alguns meses depois. No entanto, ela logo descobriu o lado sombrio do novo marido, que tinha problemas com drogas e alguns transtornos mentais não diagnosticados. Ele sempre descontava a raiva que sentia na primeira pessoa que via: a esposa. Era verbalmente agressivo e lhe lançava os insultos mais degradantes. Sem a rede de apoio da família e dos amigos, ela não era capaz de aguentar a situação nem de ter pensamentos bons em quantidade suficiente para elevar sua frequência. Caiu em profunda depressão. Durante cinco longos anos, ela suportou o casamento abusivo e sem amor e passava a maior parte do tempo tentando evitar aquele homem irado em seu próprio lar.*
>
> *Finalmente, ela compreendeu que só ela poderia mudar sua vida e restaurar sua felicidade. Como por coincidência, semanas depois desse insight, o casal decidiu voltar à cidade natal dela em busca de trabalho. Como se por sorte, ela logo encontrou um excelente emprego e voltou a ter contato com os amigos e a família. Começava a se sentir ela mesma de novo, pela primeira vez em muitos anos. Mas, para o marido, a situação só piorava. Ele não queria aceitar o sucesso e a felicidade recentes da esposa*

e intensificou as agressões. No entanto, agora que ela estava cercada de apoio e amor e comprometida com a felicidade, não tolerava mais as agressões. Assim, a frequência dos dois passou a não combinar, e a lei da atração agiu afastando-os. Quando percebeu que merecia uma vida muito melhor, ela finalmente largou o marido.

Algum tempo depois, seus amigos a convidaram para jantar e a levaram a um novo bar nas redondezas. No momento em que entrou, os olhos dela foram atraídos para o fundo do salão. Lá, viu o rosto conhecido de um rapaz que tinha namorado no ensino médio; na verdade, o último namorado que tivera antes de conhecer o marido. Um amigo em comum a puxou de lado e lhe disse que aquele rapaz continuara apaixonado por ela durante todos aqueles anos. Aparentemente nunca havia tido outra namorada séria, pois ficara esperando por ela. Curiosa, ela se aproximou dele, e os dois começaram a conversar sobre o passado. Ele confirmou a história de que torcera e rezara para que algum dia ela voltasse para a cidade. E se convencera de que, se isso acontecesse, era sinal de que ficariam juntos para sempre. Quanto mais conversavam, mais ela percebia que ele era tudo que sonhava num parceiro, e um novo romance surgiu. Hoje, eles estão juntos, felicíssimos e planejando se casar.

Para essa mulher, as agressões e a raiva do ex-marido a fizeram pensar negativamente na situação em que se encontrava, e esses pensamentos negativos, além de fazerem-na se sentir mal, a levaram à depressão. Só quando mudou sua frequência com pensamentos positivos de amor e felicidade, ela conseguiu se libertar do ex-marido. Depois que voltou a se sentir bem, só pessoas com a mesma frequência puderam entrar em sua vida. Portanto, não surpreende que a lei da atração tenha entregado o amor a essa mulher sob a forma de seu antigo namorado da escola.

O Poder Está em Você

Não importa até que ponto um relacionamento seu seja difícil ou esteja prejudicado. Se quiser mudá-lo, comece mudando simplesmente seus pensamentos e sua frequência.

Tudo o que você recebeu na vida resulta do que pensa e de como se sente, e isso serve para *todos* os seus relacionamentos, passados e presentes.

Também significa que qualquer relacionamento difícil que você tenha foi atraído por seus próprios sentimentos e pensamentos passados.

Em geral, quando ouvem pela primeira vez essa parte do Segredo, as pessoas se recordam de relacionamentos difíceis e até abusivos do passado. Acham incompreensível que alguém tenha atraído uma situação daquelas. Ninguém atrairia deliberadamente um relacionamento difícil ou desafiador para sua vida, mas, se seu desejo é consertar ou resolver um relacionamento difícil, entenda que você o atraiu por alguma razão. Na maior parte das vezes, atraímos situações difíceis para nos despertar para o poder inerente que temos.

Neste momento, você tem uma escolha. Quer acreditar que tudo é uma questão de sorte e que coisas ruins podem lhe acontecer a qualquer momento? Quer acreditar que não tem controle algum sobre seus relacionamentos ou sobre o modo como os outros o tratam?

Ou quer acreditar e *saber* que sua experiência de vida agora está nas suas mãos? Quer saber que só pessoas *boas*, circunstâncias *boas* e relacionamentos *bons* podem entrar na sua vida por causa do modo como pensa? Você tem o poder de escolher, e aquilo que escolhe pensar se tornará sua experiência de vida.

Entenda que ninguém pode entrar na sua vida e afetá-la negativamente, a menos que você esteja na mesma frequência. Quando mudar seus pensamentos e elevar sua frequência, não importa até que ponto alguém seja difícil ou negativo; essa pessoa não pode e não vai afetar você! E se isso resultar no fim de um relacionamento difícil, não se desespere. Repita consigo: "Tudo de bom vem dessa situação." E virá. Aprenda com cada experiência. Você descobrirá que, depois de vivenciar o rompimento de um relacionamento difícil, com o tempo seu nível de alegria ficará mais alto do que nunca. Todo relacionamento da sua vida existe por uma razão, para lhe ensinar alguma coisa e fazer sua vida avançar.

Com muita frequência, quando as coisas mudam na nossa vida, resistimos a essa mudança. Mas é importante lembrar que quando algo grande muda em nossa vida, significa que algo melhor está por vir. Não pode haver vácuo no Universo, e quando algo sai, outra coisa precisa tomar seu lugar. Quando a mudança vier, relaxe, tenha fé e saiba que ela é *para o bem*.

Portanto, não tenha medo de mudanças, principalmente nos relacionamentos. Lembre-se de que cada coisa que acontece, em última análise, é para o bem de cada um de nós. O que importa não é o que acontece, mas o que fazemos com essa oportunidade e como escolhemos vê-la. O Universo tem que mudar as coisas para permitir que as melhores e mais maravilhosas oportunidades apareçam. Perceba que essa mudança está acontecendo porque um relacionamento mais magnífico está chegando para você! Algo melhor está vindo.

LIÇÃO 3

O Segredo dos Relacionamentos Incríveis

Quando se imagina tendo uma vida incrível com relacionamentos fantásticos, você determina sua vida com poder e consciência por meio da lei da atração. É fácil assim. Mas, se é tão fácil, por que nem todo mundo tem uma vida incrível com relacionamentos fantásticos?

O problema é que a maioria das pessoas pensa e fala mais sobre o que *não* quer do que sobre o que *quer*. Com isso, sem querer, elas estão se privando de todas as coisas boas da vida, inclusive de relacionamentos maravilhosamente gratificantes.

Pessoas com relacionamentos incríveis pensam e falam *mais* sobre o que querem do que sobre o que *não* querem! E pessoas com relacionamentos difíceis pensam e falam mais sobre o que *não* querem do que sobre o que *querem*. Como pensam e falam tanto sobre o que não querem em seus relacionamentos, ficam admiradas de aparecer tantos problemas nesses relacionamentos. Mas, na verdade, elas atraíram esses problemas para sua vida simplesmente ao pensar e falar sobre o que *não* querem.

A lei da atração não entende o "não" nem outras palavras de negação. Quando você diz palavras de negação, como "não quero", a lei da atração ouve o contrário.

Quando você diz "Não quero discutir".

A lei da atração ouve *"Quero mais discussão"*.

Quando você diz "Não fale comigo desse jeito".

A lei da atração ouve *"Quero que você fale comigo desse jeito e quero que as outras pessoas falem comigo desse jeito"*.

Quando você pensa "Não quero perder essa pessoa".

A lei da atração ouve *"Quero perder essa pessoa"*.

Quando você pensa "Não quero ficar sozinho".

A lei da atração entende *"Quero ficar sozinho"*.

A lei da atração lhe dá o que você está pensando...
e ponto-final!

> *A esposa de um oficial da ativa da Força Aérea norte-americana descobriu isso do jeito mais difícil. Com cinco anos de casamento, o marido partiu em sua quinta missão no exterior. A mulher ficou zangada e ressentida, cheia de pensamentos de solidão e abandono. Sempre pessimista, ela se sobrecarregou de pensamentos sobre o que não queria. Pouco tempo depois, recebeu uma mensagem do marido dizendo que ele planejava pedir o divórcio. Ficou arrasada. Depois de alguns dias de desespero, ela decidiu fazer um esforço para mudar seu modo de pensar. Começou a se concentrar nos aspectos positivos e, quando falava com ele, tomava o cuidado de usar palavras gentis e construtivas. Sabia que não podia esperar que ele mudasse de ideia, mas se manteve otimista, tendo apenas bons pensamentos e sentindo amor. Algumas semanas depois, ele fez contato com ela e pediu que discutissem seus problemas. Felizmente, o casamento foi salvo graças ao foco do pensamento dos dois naquilo que realmente queriam.*

Concentre-se no Relacionamento que Você Quer

Quando pensa no relacionamento que quer ou no que não quer, é *isso* que você está trazendo à existência. E é o que vai aparecer várias e várias vezes. Se realmente quiser mudar um relacionamento ou trazer um novo, você precisa pensar exclusivamente no que quer e no que faz você se sentir bem, para que isso passe a existir.

Quando se concentrar por completo nas coisas que quer, nas coisas de que gosta e no que faz você se sentir bem, você terá uma vida realmente incrível.

A vida deixa tudo à sua disposição para que você escolha o que quer, o que gosta e o que mais aprecia. E parte do dom da vida é receber pessoas de todo tipo, para que você escolha o que gosta e aprecia nessas pessoas e se afaste do que não gosta. Não é preciso obrigar-se a gostar das qualidades de que não gosta em uma pessoa; simplesmente se afaste dela sem julgá-la nem lhe dar mais atenção.

Afastar-se do que não gosta em alguém significa que você está tranquilo a respeito disso e sabe que a vida lhe dá escolha. Não significa que você deva discutir com essas pessoas para provar que estão erradas, que tem críticas a elas ou quer mudá-las porque acha que você está certo. Se fizer qualquer uma dessas coisas, é claro que você não está concentrado no que quer e no que aprecia. Você não pode receber nada na vida se não pensar primeiro, e para receber é preciso pensar no que você quer e aprecia. Para melhorar qualquer relacionamento, concentre-se nas coisas de que gosta e aprecia na outra pessoa e nas coisas maravilhosas do relacionamento, em vez de se concentrar nas coisas de que não gosta.

Uma moça descobriu o resultado de concentrar-se demais nas coisas de que não gostava no parceiro. Ela se envolveu num relacionamento tempestuoso com um homem por cerca de um ano, durante o qual romperam quatro vezes. Ela tinha a sensação de que nada estava muito bem, mas insistia nesse homem por ter se convencido de que ele era "o certo". Alimentava a esperança de que ele mudaria e agiria como ela esperava que ele agisse. Numa conversa com a melhor amiga, ela decidiu monitorar o comportamento do parceiro. Se não visse sinais de melhora, romperia com ele de vez. No dia seguinte, o homem lhe mandou uma mensagem dizendo que estava terminando com ela. E a razão era que não a achava suficientemente boa para ele. Por criticar, encontrar defeitos e tentar mudar o parceiro, essa mulher atraiu críticas, julgamentos precipitados e o fim do relacionamento.

Uma estatística espantosa veio de estudos sobre relacionamentos. Foi constatado que, para *cada* crítica contra a outra pessoa em pensamentos ou palavras, seriam necessários *dez* pensamentos positivos para o relacionamento prosperar. Menos do que dez pensamentos positivos para cada pensamento crítico e o relacionamento se deteriora. Se for um casamento, é muito mais provável que termine em divórcio.

Nenhum relacionamento é perfeito, mas, se você conseguir encontrar dez pensamentos positivos para cada crítica, estará a caminho de apreciar seu parceiro do jeito que ele é. Afinal de contas, você não quer que as pessoas próximas amem você exatamente como é?

Como experiência, tente apreciar seus relacionamentos *im*perfeitos tendo pensamentos positivos sobre as pessoas como elas são! Caso se veja criticando ou procurando defeitos em alguém, corrija-se pensando em dez atributos positivos da pessoa. Sempre que apreciar um relacionamento, mesmo que não seja perfeito, você o verá melhorar milagrosamente. E mesmo que todos os seus relacionamentos atuais sejam bons, eles crescerão ainda mais com esse experimento.

O Segredo do Romance

Quando se trata de romance, muita gente investe dinheiro e horas incontáveis em serviços e aplicativos de namoro na tentativa de encontrar o par perfeito. Mas a lei da atração é a única e verdadeira agência de namoro, e é preciso apenas pensar e falar sobre o relacionamento que você quer. Pense e fale sobre todas as coisas positivas que deseja num parceiro; depois, sente-se, sinta-se bem e se entregue ao Universo. Permita que o Universo lhe traga seu par perfeito e leve você a ele.

De nosso pequeno ponto de vista, não podemos ver tudo, mas de seu ponto de vista total, o Universo vê tudo e sabe quem é o par perfeito de alguém.

As pessoas dizem que querem atrair o amor e ser alegres e felizes num relacionamento, mas aí se enredam nos detalhes de *quem*. Acham que uma pessoa específica é a única possível para um relacionamento perfeito. Mas o Universo consegue ver o futuro e sabe se uma pessoa específica realizará seus sonhos ou se tornará seu pesadelo. Quando não recebe amor de uma pessoa específica, você pode achar que a lei da atração não está funcionando. Mas está. Se seu *maior* desejo é atrair o amor e ser alegre e feliz, escute o Universo. Ele diz: "Não é ele, não é ela, e, por favor, não atrapalhe, estou tentando levar a pessoa perfeita até você."

Tome muito cuidado para não se enredar com o quem, onde, quando e como, porque você pode bloquear a realização do seu maior desejo.

Uma moça tinha certeza de que havia encontrado o amor da sua vida. O único problema era que parecia que ele não se sentia do mesmo jeito. Ele era carinhoso e afetuoso, mas só. Ainda assim, ela foi tomada pelos pensamentos de todas as coisas românticas que ele lhe diria. Chegou a escrever um diário sobre sua história de amor imaginária como se aquilo realmente estivesse acontecendo. Mas todas essas fantasias pareciam empurrá-lo cada vez mais para o papel de amigo. Durante meses e anos, ele entrava e saía da sua vida. Então, ela fez um pacto consigo mesma de que, se ele voltasse mais uma vez, seria um sinal do Universo de que eles teriam que ficar juntos.

Mais ou menos nessa época, ela começou a trabalhar num novo emprego, onde conheceu um homem e algo estranhíssimo aconteceu. Ele era tudo o que ela escrevia no seu diário. Eles se apaixonaram profundamente, de um modo que ela descreve como a conexão mais bela e o amor mais feliz e alegre da sua vida. Hoje, ela avalia que o Universo reagia a quem ela realmente queria, e não a quem ela pensava que queria. E o Universo respondeu lhe oferecendo a pessoa perfeita, que poderia lhe dar tudo que pedia.

Confie mais na vida. Este Universo é amistoso, e tudo acontece *para* você. Quando se trata dos relacionamentos, é muito comum as pessoas tentarem desafiar a lei da atração. Tentam usá-la para forçar alguém a se apaixonar por elas. Mas não é assim que funciona. Não se pode pular dentro do corpo de alguém e pensar no lugar da pessoa; só é possível pensar os próprios pensamentos. Você cria sua vida por meio do que pensa, e todo mundo cria a própria vida pelo que pensa. E é bom que não seja de outro modo, senão qualquer pessoa poderia invadir sua vida com os pensamentos dela. Você é 100% livre pra criar sua vida do modo que quiser, e todo mundo também é livre para criar a própria vida como quiser.

Seu Desejo é uma Ordem

Talvez você já tenha ouvido alguém comparar a lei da atração com o gênio da lâmpada de Aladim. Seus pensamentos são exatamente como os desejos feitos ao gênio, e a cada pensamento o gênio responde com "Seu desejo é uma ordem!".

O gênio supõe que tudo em que pensa, você quer. Que tudo de que fala, você quer. Que tudo que sente, você quer. O gênio nunca questiona suas ordens. Você pede e, imediatamente, o gênio começa a movimentar o Universo, com pessoas, circunstâncias e eventos, para atender ao seu desejo.

Mas, lembre-se, há certas regras que o gênio não pode desrespeitar, como explica a Aladim: *"Não posso fazer ninguém se apaixonar por ninguém!"*

E isso é verdade na lei da atração. Você está numa parceria com ela, e é nessa parceria que cria *sua* vida. Quer saiba, quer não, todas as pessoas também estão em parceria com a lei da atração e criam *a própria* vida. Isso significa que você não pode usar a lei da atração contra o livre-arbítrio de outra pessoa. Se qualquer um de nós tentasse roubar a liberdade dos outros, além de fracassar também seríamos privados da nossa liberdade.

Cada um de nós é o criador da própria vida, e não podemos criar a vida dos outros, a menos que esses outros queiram conscientemente a mesma coisa que nós.

O uso correto da lei da atração é pensar num relacionamento feliz, amoroso e harmonioso e, depois, permitir que o Universo lhe entregue seu par perfeito, seja quem for.

Na verdade, muita gente me escreveu perguntando como usar a lei da atração para *recuperar* o amor da sua vida. Como agora você sabe, nunca podemos atropelar a liberdade dos outros de escolher por conta própria. É por isso que ambos os parceiros têm de querer a mesma coisa para que a lei se manifeste.

Desde o lançamento de *O Segredo*, vi milhares e milhares de pessoas atraírem seu par perfeito, centenas de casamentos serem salvos e incontáveis relacionamentos destruídos se transformarem em relacionamentos magníficos. Para mudar qualquer relacionamento, você tem simplesmente que mudar o jeito como pensa nele. Quando mudar o jeito como pensa num relacionamento, tudo nele mudará.

> *De todos os relacionamentos que sei que foram restaurados com o uso consciente da lei da atração, uma história específica se destaca. Essa mulher simplesmente decidiu deixar de se concentrar nas coisas de que não gostava no parceiro e passar a se concentrar nas coisas de que gostava nele.*
>
> *O casal namorava havia algum tempo e tudo ainda era muito novo e empolgante. Nessa época, a mulher descrevia o parceiro como gentil, generoso e incrível. No entanto, ela começou a notar algumas semelhanças com o pai, traços de que não gostava tanto. Para começar, ele era bagunceiro e deixava louça suja na bancada, como o pai dela. Esquecia de ligar quando dizia que ligaria, como o pai dela. E evitava discutir assuntos pessoais, como o pai dela. Ela o acusou de não levá-la a sério, de não lhe mandar mensagens suficientes, de não se preocupar com ela e de não*

amá-la o bastante. Inevitavelmente, ele rompeu o namoro, e ela ficou arrasada. Ela percebeu o que tinha perdido e que ele era realmente um homem doce e carinhoso. Aceitou que tinha causado o rompimento, pois ficara obcecada com algumas falhas triviais entre centenas de qualidades maravilhosas. Queria reconquistá-lo, mas também tomou a decisão de que seria feliz, quer ele voltasse para ela ou não. Passou o tempo que ficou sozinha refletindo sobre os bons momentos que passaram juntos e não pensou no rompimento. Finalmente, ele fez contato com ela. Eles conseguiram deixar de lado as pequenas mágoas, e o romance se reacendeu. Já faz dois anos, e o amor dos dois é mais forte do que nunca.

O extraordinário que essa mulher fez foi tomar a decisão de ser feliz, não importava o que o ex--namorado decidisse. Nesse tipo de situação, é preciso estar preparado para abrir mão, por mais duro que pareça. Quanto mais você tentar se agarrar a uma coisa que tem medo de perder, mais vai afastá-la. Esses pensamentos de tentar se agarrar são cheios de medo, e, se continuar fazendo isso, o que você mais teme acontecerá.

Não tema nada; só pense no que quer. É muito mais gostoso!

LIÇÃO 4
O Processo Criativo dos Relacionamentos

A lei da atração permite que você tenha, seja e faça *tudo* o que quiser. Assim, quando se trata de um relacionamento específico, o que você *realmente* quer?

Você é um criador, e há um processo fácil a seguir para criar o relacionamento que quiser. Os grandes místicos, sábios, filósofos e pensadores compartilharam esse processo criativo ao longo da história. É a melhor maneira que conheço de aproveitar o poder da lei da atração. É um guia fácil para criar o que você quer em três passos simples. Quer você queira encontrar o par perfeito, ter mais amor, uma nova amizade ou mudar algo de que não gosta num relacionamento, o processo é sempre o mesmo.

O primeiro passo é pedir.

Você pode escolher o relacionamento que quiser, mas é preciso deixar bem claro o que quer. Se não houver clareza, a lei da atração não poderá lhe trazer o que você quer. Você estará enviando mensagens confusas e só atrairá resultados confusos. Talvez pela primeira vez na vida, você descubra o que *realmente* quer num relacionamento específico.

O segundo passo é acreditar.

Você precisa acreditar que, no momento em que pedir, você *já* recebeu o relacionamento que quer. Precisa ter fé completa e absoluta. Precisa acreditar que já tem o que pediu. Quando acredita que tem o relacionamento perfeito agora mesmo, a lei da atração moverá poderosamente todas as pessoas, circunstâncias e eventos para que você o tenha.

O terceiro e último passo do processo criativo é receber.

Peça uma vez, acredite que recebeu o que pediu e só o que precisa fazer para receber esse relacionamento perfeito é se sentir bem. Quando se sente bem, você está na frequência receptiva. Na frequência em que todas as coisas boas vêm até você e, assim, recebe o que pediu. Você não pediria um relacionamento se ele não fizesse você se sentir bem ao recebê-lo, não é? Portanto, ponha-se na frequência do sentir-se bem e receberá tudo o que quiser, não só relacionamentos maravilhosos.

Vamos examinar o uso do Processo Criativo especificamente para atrair um novo relacionamento romântico.

Primeiro Passo: PEÇA

Se quiser atrair o par perfeito, tenha clareza a respeito do tipo de relacionamento que deseja. Como você quer que seja esse relacionamento? Liste todas as coisas que quer nele. Amor, companheirismo, interesses mútuos, risos, intimidade e felicidade são só algumas possibilidades.

Descreva seu par perfeito. Sente-se e escreva em um papel todas as qualidades positivas do seu par dos sonhos. Não se esqueça de escrever tudo no presente. Evite pensar em uma pessoa específica; pense no seu tipo ideal. Quais são seus interesses? Sua aparência? Como se veste? Como ganha a vida? O que gosta de fazer nas horas livres? Quais são seus valores? Tem proximidade com a família? Quais são suas crenças? Tem a mente aberta? Tem disciplina? Gosta de música? De esportes? Gosta de festas ou prefere ficar em casa? Que tipo de comida prefere? É gentil? Tem paixão pelo trabalho? Corre atrás do sucesso? Tem estabilidade financeira? Como são seus amigos e sua família? O que "família" significa para ele? Adora crianças ou nem tanto? Quais são suas melhores qualidades? O que vocês têm em comum?

Uma mulher precisou de uma série de relacionamentos ruins para perceber que, na verdade, ela estava pedindo as coisas erradas. Ficou tão cansada de relacionamentos excessivamente dramáticos e abusivos que acabou percebendo que estava atraindo os homens errados. No fundo do poço, depois do rompimento mais recente, ela decidiu mudar o padrão. Começou fazendo uma lista das qualidades que queria no parceiro ideal. Foi muito específica e incluiu interesses mútuos, como artes plásticas, ioga, viagens, família, crianças e culinária. O mais importante: insistiu que seu par perfeito fosse gentil, carinhoso e natural de Nova York, como ela.

Pouco depois, ela se mudou para o outro lado do país, a trabalho. Enquanto se instalava ali, decidiu ir a uma galeria de artes local. Um homem bonito entrou atrás dela e chamou sua atenção. Ela juntou coragem para se apresentar. Logo descobriu que ele era um conterrâneo nova-iorquino que amava artes e viagens e que se mudara para trabalhar como chef profissional! Eles gostaram um do outro na mesma hora. Quanto mais se conheciam, mais a mulher se espantava ao ver quantos atributos de sua lista aquele homem tinha. Para resumir, o romance prosperou; eles estão noivos e planejam se casar em Nova York.

Agora que você sabe que pode ter qualquer tipo de parceiro romântico e qualquer tipo de relacionamento e que, na verdade, não há limites, pergunte-se o que *realmente* quer. Não é preciso se contentar com a média ou o segundo melhor. Você pode ter tudo e merece o melhor, o relacionamento mais maravilhoso, feliz e mutuamente satisfatório. Portanto, peça!

Segundo Passo: ACREDITE

Reivindique o relacionamento que pediu acreditando que ele já é seu. Quando acreditar, o Universo moverá todas as circunstâncias, pessoas e eventos para que você o receba. E, enquanto espera seu par perfeito aparecer, *continue a acreditar*. Tenha fé. Acreditar que a pessoa já está na sua vida e que você já está no relacionamento, essa fé imorredoura, é seu maior poder.

Para uma moça, foi sua descrença no amor que, na verdade, repeliu todas as oportunidades de romance que teve. Desde adolescente, ela formou a crença de que o amor era só para as grandes beldades. Ela se considerava uma adolescente de aparência bastante comum e se convenceu de que estava destinada a não ter sorte no amor. A triste ironia é que, ao longo do ensino médio, ela se tornou uma moça muito atraente. Mas continuou a se ver como o patinho feio. Embora todos olhassem quando ela entrava numa sala, nada abalava sua crença firme de que não era um "bom partido" ou o tipo de moça por quem um homem se apaixonaria. A série de romances fracassados na faculdade só serviu para reforçar sua crença, ou melhor, sua descrença no amor. Em cada relacionamento, ela se apaixonava perdidamente, mas, em poucas semanas, suas preocupações, suas dúvidas e seus temores apareciam e ela e o rapaz logo rompiam. Ela via isso como uma nova prova de que sempre teria azar no amor. É claro que a lei da atração diz que aquilo em que você pensa e acredita a respeito dos relacionamentos é exatamente o que receberá, e assim ela estava destinada a continuar tendo relacionamentos fracassados enquanto tivesse pensamentos de medo, azar e desvalorização.

Depois de formada, ela arranjou um emprego numa empresa onde, por acaso, foi trabalhar com um rapaz que tinha namorado brevemente na faculdade. A princípio, ele a evitou e fingiu que não se lembrava dela. Quando ela o confrontou, ele admitiu que estava se comportando daquela maneira porque ela partira seu coração quando rompera com ele. Nunca ocorrera à moça que era ela quem sabotava todos os relacionamentos e as oportunidades de encontrar amor verdadeiro. Depois dessa percepção, ela e esse rapaz ficaram muito íntimos; voltaram a namorar e se apaixonaram profundamente.

Para essa mulher, foi a antiga crença de que estava destinada a ter azar no amor que a levou a sabotar todos os relacionamentos íntimos. Quando percebeu isso, conseguiu largar essa crença e, só então, encontrar o amor verdadeiro.

Pela lei da atração, suas crenças, verdadeiras ou não, formam seu mundo.

Terceiro Passo: RECEBA

Talvez o mais importante a fazer se quiser atrair um relacionamento seja *se sentir bem*. Isso porque, quando se sente bem, é muito mais fácil acreditar que você receberá o que quer do que se não se sentisse bem.

Além disso, quando se sente bem você fica na frequência de todas as coisas boas que lhe chegam e na frequência de *receber* o que pediu.

> *Uma história que recebi de uma mulher talvez seja o melhor exemplo que tenho de alguém se sentir bem para receber a pessoa perfeita. Essa mulher teve uma vida muito difícil. Passou duas décadas casada com um homem abusivo. Os vícios e a violência dele condenaram a família à pobreza numa das áreas mais pobres da América do Sul. Apesar de ser atacada e surrada com frequência pelo marido, a mulher nunca se queixou. Em vez disso, mantinha o espírito alegre, em especial pelas duas filhas. Mas, finalmente, a violência se tornou tão avassaladora que ela fugiu levando suas duas meninas.*
>
> *Nos onze anos seguintes, a mulher continuou solteira, criando adolescentes e depois sustentando-as na faculdade com seus parcos ganhos. Naquela região do mundo, as mulheres não conseguiam arranjar emprego decente nem começar uma carreira depois dos 30 anos, mas, novamente, ela não se queixava disso. Ao contrário, falava com otimismo sobre seus sonhos: uma "vida nova" no exterior com um marido bonito e perfeito, um estrangeiro dos Estados Unidos ou da Europa. Ela não falava dessa nova vida e do casamento como algo futuro, mas como se estivessem acontecendo agora. Os amigos e a família ficaram com medo de que ela estivesse delirando. Acharam que ela tinha enlouquecido quando*

*começou a planejar uma viagem ao exterior e separou
as malas e as roupas de que precisaria para a viagem.
Ela não tinha um tostão, mas solicitou um passaporte
e os vistos necessários para viajar.*

*O Segredo diz que, se tiver um sentimento intuitivo
ou instintivo, você deve segui-lo. Você descobrirá que o
Universo está movendo você para receber o que pediu.
Pois era exatamente o que essa mulher estava fazendo.*

*Pouco tempo depois, uma prima que morava na Europa a
convidou para ficar com ela e a família. A filha mais velha
dessa mulher, que terminara a faculdade nessa época e
ganhava bem, se ofereceu para pagar a passagem. Ela
aceitou com alegria. Durante a viagem, conheceu um rico
empresário espanhol. Era o homem perfeito, bonito e
estrangeiro que ela sempre imaginara. Ele a tratou como
uma princesa, e os dois se apaixonaram loucamente. Ele
a convidou para ir à sua casa à beira-mar na Espanha,
onde hoje os dois moram juntos, felizes para sempre.*

*Apesar das circunstâncias, o que essa mulher fez foi se
preparar e abrir espaço para receber seus desejos. Com
isso, enviou uma forte mensagem de crença e expectativa,
e o Universo ficou muito contente em atendê-la.*

Aja "como se"

Se quiser encontrar seu par perfeito, suas ações têm que
refletir o que você espera receber. O que isso significa?

Significa fazer o que você faria se estivesse nesse relacionamento *agora*.

Que providências você pode tomar para dizer que já recebeu seu par ou relacionamento perfeito? Por exemplo:

- Você está fazendo todo o possível para se parecer e se sentir o melhor que pode?
- Você mantém o banco do carona do carro limpo e vazio para seu par perfeito se sentar quando saírem juntos?
- Há espaço no seu closet para as roupas do seu par perfeito?
- Que tal pôr a mesa para duas pessoas, em vez de uma só?
- Ou deixar espaço na cama dormindo apenas em um lado e não no meio, e pôr duas escovas de dentes no banheiro?

Não há fim para as maneiras criativas de tomar providências específicas que garantam que você receberá o que pediu.

E, quando estiver realmente pronto para receber, a lei da atração usará pessoas, eventos e circunstâncias para levar até você o relacionamento perfeito.

Assim, siga o processo criativo do relacionamento que quer atrair. Não vacile em sua crença e faça o possível para sentir-se tão bem quanto conseguir. Então, nada poderá impedir que o Universo lhe entregue o que pediu.

LIÇÃO 5

IMAGINAÇÃO E RELACIONAMENTO

Toda a sua vida é o que você imaginou que seria. Quer saiba disso ou não, tudo que você tem ou não tem, toda situação e circunstância e todo relacionamento da sua vida é o que você imaginou que seria. O problema é que muita gente imagina o pior! As pessoas viram contra si mesmas a ferramenta mais maravilhosa que possuem. Em vez de imaginarem o melhor, ficam pensando em tudo que pode dar errado. E, enquanto continuarem imaginando e sentindo essas coisas, elas vão acontecer. Pense e imagine o melhor que pode em seus relacionamentos, porque o melhor que você imaginar é fácil para a lei da atração executar!

Lembre-se: a vida não acontece para você, a vida *responde* a você. A sua vida é escolha sua! Todas as áreas da vida são escolhas suas. Se quiser um par perfeito, um casamento melhor ou um relacionamento mais tranquilo com seu chefe, basta se pôr na frequência receptiva. Faça isso imaginando e sentindo como seria ter esse relacionamento.

Quando imagina o que quer e ama, você está aproveitando a lei da atração. Quando imagina algo positivo, como um relacionamento cheio de amor e carinho, e se sente bem ao imaginá-lo, então é isso que vai receber. Seus pensamentos, desejos e sentimentos criam o magnetismo, o poder magnético, e atraem o que você quer. Se consegue imaginar isso com o pensamento e a sensação, então pode receber.

Mas é preciso garantir que você vai usar sua imaginação para o que quer, e não para o que não quer. Essa é a diferença entre quem tem dificuldade na vida e quem tem uma vida fabulosa. Os que têm uma vida ótima imaginam o que querem e têm os bons sentimentos do que estão imaginando.

Pessoas com dificuldades usam, sem querer, sua imaginação para o que não querem e sentem a negatividade do que estão imaginando. É uma coisa simplíssima que cria uma diferença enorme na vida das pessoas.

Portanto, se quiser atrair o relacionamento perfeito, imagine esse relacionamento exatamente da maneira que você o quer. Então, só será preciso ter os sentimentos de estar nesse relacionamento agora mesmo.

> *Uma mulher seguiu esse conselho sobre a imaginação e escreveu uma carta ao futuro marido para lhe agradecer por tratá-la tão bem. Ela estava grata por todas as suas qualidades maravilhosas, pela gentileza, pelo humor e pelos interesses em comum, como música clássica, viagens, artes plásticas e literatura. Ela descreveu um encontro romântico dos dois. Nem conhecia ainda esse homem misterioso, mas descreveu a vida dos dois com muitos detalhes. Não será surpresa eu dizer que ela conheceu o par perfeito pouco tempo depois, e ele era exatamente como ela descrevera na carta. E o lugar aonde ele a levou no primeiro encontro? O mesmíssimo que ela tinha imaginado e descrito.*

O Poderoso Processo de Visualização

O que você imaginar está à sua espera, plenamente gerado no invisível. O modo de torná-lo visível é aproveitar a lei da atração imaginando-o na mente e sentindo que você já tem o que quer agora mesmo. Esse processo se chama visualização.

A razão para a visualização ser tão poderosa é que você cria imagens na mente que fazem você sentir que já tem o que quer. A visualização é apenas o pensamento bem concentrado em imagens, e causa sentimentos igualmente poderosos. Quando imagina ou visualiza algo, você emite essa frequência poderosa para o Universo. A lei da atração vai captar esse sinal e lhe devolver essas imagens como sua vida, exatamente como você a viu na sua mente.

Para visualizar um relacionamento, basta fechar os olhos e imaginar o tipo de relacionamento que você quer. Ao se imaginar fazendo todas as coisas que quer fazer nesse relacionamento, você cria uma nova realidade. Seu inconsciente e a lei da atração não sabem se aquilo que você está imaginando é real ou não. E, quando estiver no lugar onde o relacionamento imaginado parecer real – quando acreditar nele –, você saberá que ele penetrou no seu inconsciente. E a lei da atração se cumprirá.

O segredo para visualizar relacionamentos ou o que você quiser é manter as imagens se movendo na mente e você se movendo nas imagens. Se mantiver as imagens se movendo como num filme, você vai conseguir dominar bem depressa a visualização. Se a imagem for estática, é bem mais difícil mantê-la na mente. Além disso, os relacionamentos não são estáticos; eles são ativos e dinâmicos. Portanto, mantenha sua visualização ocupada, com muito movimento, muita atividade e, é claro, muita conversa. Sua mente ficará tão cativada pelas imagens em movimento que não será capaz de pensar em outra coisa.

Quando usar a visualização, imagine todas as cenas e situações que puder no relacionamento que deseja e sinta que o tem agora. Imagine e sinta o amor e a gratidão por ter esse amor. Faça isso todo dia até sentir que seu desejo já se cumpriu. Faça até saber que o relacionamento lhe pertence, assim como sabe que seu nome lhe pertence. Você pode chegar a esse estado em um ou dois dias, mas pode levar mais tempo. Então, simplesmente continue a viver, tendo o máximo de bons pensamentos e bons sentimentos. Isso porque quanto mais bons pensamentos e sentimentos tiver, mais você vai ficar na frequência receptiva e mais depressa receberá tudo o que faz você se sentir bem!

Usar a visualização para criar sua vida dos sonhos é como fazer um filme da sua vida. Na verdade, você está criando o filme da sua vida neste momento. E como ele vai? Precisa mudar o roteiro, talvez o modo como seus personagens se relacionam? Quer mudar o elenco ou inserir um interesse romântico? Há alguma edição a fazer? Hoje é o dia de usar sua imaginação para fazer as mudanças que quiser no filme da sua vida, porque as mudanças visualizadas hoje estarão na tela amanhã.

Painel de Visualização

Outra maneira de aproveitar sua imaginação para atrair relacionamentos extraordinários é com um painel de visualização. Deixe sua imaginação correr solta com o painel de visualização e ponha nele imagens de todas as coisas que quer e de como quer que seja sua vida.

Quando olha o painel de visualização, você imprime as imagens dele na sua mente. Quando se concentra em seu painel, ele estimula seus sentidos e evoca pensamentos e sentimentos positivos dentro de você. Então, os dois elementos da criação – a mente e os sentimentos – trabalham com força total.

Seja o que for que você queira, procure imagens dessas coisas e ponha no seu painel de visualização. Por exemplo, você pode procurar fotos de um casal apaixonado, de um grupo de amigos, de uma família feliz, de crianças, de um recém-nascido ou de alguém de férias no exterior com um amigo ou um parceiro. Use fotografias suas junto de imagens do seu parceiro dos sonhos para imaginar seu relacionamento ideal.

> *Uma mulher rompeu o ciclo de relacionamentos românticos fracassados com a ajuda de um painel de visualização. Basicamente, ela tinha passado a maior parte da década anterior solteira. Os namoros eram uma decepção atrás da outra. Assim, ela recorreu ao painel de visualização como último recurso. Reuniu fotos*

típicas de casais apaixonados – se beijando, dançando, se abraçando, sendo românticos. Acrescentou palavras de esperança e otimismo, como "futuro marido", "amor da minha vida" e "romance". Quando namorava, mesmo que não desse certo, mantinha-se esperançosa e valorizava o fato de que estava um passo mais perto do par perfeito. E estava certa. Quando ele finalmente apareceu, ela estava pronta. Eles se apaixonaram e agora planejam um futuro em comum. Tudo por causa de um painel de visualização.

Ponha seu painel de visualização num lugar onde possa vê-lo todo dia. *Sinta* como é ter essas coisas agora. Quanto mais sentir e acreditar, mais depressa as coisas vão se manifestar.

Diário

Escrever um diário é outra ótima maneira de usar sua imaginação para ter relacionamentos incríveis.

Se quiser atrair o par perfeito para sua vida, descreva por escrito exatamente como é a pessoa e o relacionamento de vocês. Você pode incluir o que a pessoa gosta ou não, suas preferências, seus passatempos, seu histórico familiar, sua profissão e tudo o que achar importante. Crie uma lista de pelo menos cem coisas que descrevam seu par perfeito. Então, simplesmente observe o Universo dar um jeito de pôr em sua vida uma pessoa que combine com a descrição.

Um rapaz acordou de um sonho muito vívido convencido de que tinha acabado de conhecer o amor da sua vida. Ele a descreveu como asiática, de cabelo preto comprido, muito mais baixa do que ele. Quando contou que vira a futura esposa num sonho, os amigos riram. Mas, para ele, não era piada. No entanto, anos se passaram sem sinal da moça, e ele começou a perder a esperança. Então, ela voltou em outro sonho. Dessa vez, ele guardou seu nome: Ayu. Decidiu escrever uma história sobre um homem visitado pela garota dos seus sonhos. Ele chamou a história de "A moça dos sonhos", em que descreveu sua heroína com muitos detalhes e a chamou de Ayu, como a moça do sonho dele.

Algum tempo depois, ele navegava à toa numa rede social quando encontrou o perfil de uma mulher asiática que lhe pareceu familiar. O perfil estava fechado, ou seja, ele não tinha como entrar em contato com ela, e desistiu. Além disso, ela não se chamava Ayu. Alguns dias depois, essa mesma mulher lhe mandou uma solicitação de amizade. Ela também tinha visto o perfil dele e teve vontade de entrar em contato. A conexão entre eles foi instantânea, e logo se apaixonaram. Acredite se quiser: o nome do meio dela era Ayu! Além de sonhar com seu par perfeito, ele a escreveu em sua vida.

Brinque de Faz de Conta

Outra maneira de usar a imaginação para transformar seus relacionamentos é criar brincadeiras na mente.

Em algum momento, paramos de brincar e nos divertir como fazíamos na infância, e o resultado é que, quando nos tornamos adultos, ficamos mais sérios. Mas a seriedade traz circunstâncias sérias. Quando brinca e se diverte, você se sente muito bem, e... *voilà*! Circunstâncias muito boas aparecem na sua vida.

A questão é que a vida deveria ser divertida. Brinque com a lei da atração e invente jogos com sua imaginação, porque a lei da atração não se importa se você está brincando e imaginando ou se é real. O que você imagina e sente se tornará real!

Como brincar? Faça a mesma coisa que fazia quando criança e use sua imaginação para brincar de faz de conta.

Quando era criança e brincava de faz de conta, você se lembra de como sua imaginação era convincente? Bom, é isso que você precisa fazer quando quiser manifestar qualquer coisa. Secretamente, por dentro, finja que já tem o que quer. Por exemplo, se quer ótimas amizades, faça de conta ou finja que já tem ótimos amigos. Assim que imaginar e sentir que tem ótimos amigos *mais do que* sabe que não tem, você terá ótimos amigos. Essa fórmula simples se aplica a tudo.

Se quiser um relacionamento romântico, faça de conta que o tem agora. Brinque! Finja que está num encontro às cegas com seu par perfeito; como seria? Se você conhecesse o amor da sua vida, como se sentiria? Você vai se sentir diferente de como se sente agora. Tudo em você vai mudar. Você vai andar e falar de um jeito diferente e agir como se estivesse no topo do mundo. Ande assim agora! Fale assim agora! Aja como se o tivesse agora!

Seja o que for que você queira, use a imaginação e brinque. Faça o que puder para gerar o sentimento de que já tem o que quer. Cerque-se de roupas, imagens, fotos e objetos relevantes para o que quer criar. Use todos os adereços que encontrar para ajudar você a imaginar e sentir como é ter o relacionamento que quer.

> *Um exemplo realmente incrível disso veio de uma jovem mãe solteira que estava em busca de amor havia mais de três anos. Certo dia, ela procurava uma rua específica no centro da cidade quando um vestido de noiva numa vitrine chamou sua atenção. Ela entrou para olhar. A vendedora a incentivou a experimentá-lo, e contra todo o bom senso e toda a razão, ela acabou comprando o vestido. Vou ser clara: ela não tinha namorado, nenhum plano de se casar nem necessidade de um vestido de noiva. Fora da loja, ela esbarrou num homem que lhe pareceu muito familiar. Ele era a cara de um ator de quem ela gostava e cujo rosto era o plano de fundo do seu computador. Numa daquelas coincidências mais estranhas do que a*

ficção, ele procurava o mesmo endereço que ela, e assim eles foram procurar juntos. Nem é preciso dizer que os dois se gostaram na mesma hora e logo começaram a namorar. Em poucos meses, foram morar juntos, e hoje estão casados e felizes. Por incrível que pareça, essa mulher atraiu o marido com a ajuda de uma imagem na tela do computador e do ato potente de comprar um vestido de noiva.

Não importa como você use a imaginação para atrair relacionamentos novos e melhores; o importante é se sentir bem quando estiver visualizando. Capture essa energia ao imaginar seu relacionamento ideal. Lampejos rápidos em que imagina e sente seu desejo são necessários para atrelar o poder dos pensamentos e sentimentos de forma a obter o que quer! É uma brincadeira. É divertido. É a alegria de criar sua vida.

LIÇÃO 6

GRATIDÃO E RELACIONAMENTOS

As antigas tradições espirituais nos ensinam que, quando nos sentimos gratos ao outro de todo o coração, isso enriquece nossa vida de um modo que mal conseguimos imaginar. A ciência confirma que pessoas que praticam a gratidão têm relacionamentos mais íntimos e são mais conectadas à família, aos amigos e à comunidade mais ampla. Pesquisas também mostram que quem pratica a gratidão é mais otimista e positivo a respeito da vida atual e do futuro.

Quando se sente grato, você fica feliz e se torna um ímã para pessoas felizes, situações felizes e eventos felizes. A gratidão é a ponte do sofrimento à felicidade, do desespero e da solidão a uma vida cheia de amor, alegria e relacionamentos incríveis.

Sei de milhares de pessoas que estavam na pior situação imaginável e mudaram de vida completamente por meio da gratidão. Sei de relacionamentos arruinados que se transformaram em relacionamentos magníficos, casamentos fracassados completamente restaurados, parentes brigados que voltaram a se reunir e relacionamentos de pais com filhos pequenos e adolescentes que se transformaram.

Se usar um pouco a gratidão, seus relacionamentos e sua vida mudarão um pouco. Se usar muito a gratidão, todos os dias, seus relacionamentos e sua vida mudarão de um jeito que você mal consegue imaginar agora.

Seja ao agradecer a uma pessoa, seja ao se sentir grato por um presente, um pôr do sol, uma experiência em comum ou um novo relacionamento, pela lei da atração receberemos de volta mais alegria, mais presentes, mais experiências incríveis e mais amor nos relacionamentos.

Um Exercício de Gratidão

Experimente agora. Pense em alguém a quem você é grato. Pode escolher a pessoa que você mais ama no mundo. Ou alguém com quem tem dificuldades de se relacionar. Concentre-se nessa pessoa e pense em todas as coisas que ama nela e pelas quais se sente grato a ela. Então, na sua mente ou em voz alta, diga a essa pessoa todas essas coisas que você ama nela e pelas quais gostaria de agradecer, como se ela estivesse aí com você. Diga-lhe todas as razões para amá-la. Você pode recordar de casos ou momentos específicos dizendo: "Eu me lembro da vez que..." (e preencha a lacuna). Enquanto faz isso, sinta a gratidão começar a encher seu coração e seu corpo.

O amor e a gratidão que sentir nesse simples exercício retornarão a você no seu relacionamento e em toda a sua vida. É bem fácil mudar sua vida por meio da gratidão.

Uma mulher vivenciou um relacionamento tenso com a mãe durante boa parte da vida. Embora tivesse havido algumas discussões acaloradas no passado, a verdade é que elas eram pessoas muito diferentes e esperavam coisas diferentes do relacionamento. A mãe era muito reservada, e a filha, mais afetuosa. Em consequência, nunca foram íntimas, e, com o tempo, elas pararam completamente de se comunicar. Então, quando a mãe envelheceu e começou a perder a visão, a filha sentiu necessidade de reavaliar o relacionamento delas e, talvez, refazer a conexão.

Ela refletiu sobre a época em que era menina e fez uma lista de todas as coisas pelas quais se sentia grata à mãe. Por exemplo, os vestidos que a mãe tinha feito para ela. Os legumes que a mãe plantava para a família e a grande horta de que cuidava, e os anos de muito trabalho e cuidados. A moça agradeceu por tudo isso e fez planos de visitar a mãe.

Quando se encontraram, tudo tinha mudado. A tensão de sempre sumira, fora substituída por amor e felicidade. A mãe chegou a dar um abraço caloroso na filha pela primeira vez. Elas combinaram manter contato regular e ter um relacionamento de apoio e confiança. O relacionamento que a filha sempre sonhou em ter com a mãe finalmente se realizou.

A gratidão começa com uma simples palavra – obrigado –, mas para torná-la realmente poderosa você precisa sentir-se grato de todo o coração. Quanto mais disser *obrigado*, mais você a sentirá e mais depressa verá os resultados em sua vida.

Como Usar a Gratidão

Há três maneiras de usar o poder da gratidão na sua vida:

A primeira é ser grato pelo que recebeu no passado.

A segunda é ser grato por tudo o que recebe ou tem hoje.

E a terceira é ser grato pelo que você *quer*, como se já tivesse recebido.

Quando você se sente grato por um relacionamento passado, o reconhecimento e a gratidão que sente melhoram seus relacionamentos e atraem outros novos, pelos quais você se sentirá grato.

Quando você se sente grato por um relacionamento atual, mesmo que ele não seja perfeito, esse relacionamento vai melhorar.

E quando você se sente grato pelos relacionamentos que quer no futuro e agradece como se eles já fizessem parte da sua vida, então com certeza eles vão se materializar.

A gratidão pelos relacionamentos passados, presentes e futuros atrai mais amor e felicidade para sua vida do que é possível imaginar. Isso acontece porque a gratidão é o grande multiplicador da vida! Quando você agradece o que recebeu e o que continua a receber, ela *multiplica* essas coisas. Ao mesmo tempo, a gratidão lhe traz o que você quer! Quando se sente grato pelo que quer como se já o tivesse recebido, a lei da atração diz que você *tem de* recebê-lo.

E, se não for grato pelo que recebeu e está recebendo, você não terá o poder de mudar nenhuma das suas circunstâncias atuais.

Considerar Tudo Garantido

Quando não nos sentimos gratos por todas as coisas na vida, sem querer consideramos garantido tudo o que temos. Achar que nossos relacionamentos estão garantidos causa muita negatividade na vida. Quando vemos as pessoas ou os relacionamentos como algo garantido, nós os afastamos sem querer. A lei da atração diz que os iguais se atraem; se considerarmos alguém ou alguma coisa garantida, esse alguém ou essa coisa nos será tirado como resultado.

Pergunte-se:

Você só se sente grato pelos seus amigos quando precisa deles? Na maior parte do tempo, você acha que eles vão estar ali o tempo todo?

Você só se sente grato pelas pessoas que ama quando tudo vai bem? Só fala sobre seus relacionamentos quando há problemas?

Você se sente grato aos seus pais pela vida que lhe deram ou considera sua vida garantida?

Assim como agradecer sempre multiplicará as coisas pelas quais somos gratos, considerar as coisas garantidas nos fará perder essas mesmas coisas.

Se puder, sinta-se grato por tudo na vida e não considere nada nem ninguém garantido. Sinta-se grato pelas pessoas que ama, pelos seus amigos, pelos seus filhos, pelos seus animais de estimação... pela sua capacidade de amar e ser amado. Elogie as pessoas aonde quer que vá. Seja um raio de sol para todos que encontrar e faça o dia deles melhor por terem visto você. Sempre que tiver oportunidade, agradeça. Ande, fale, pense e respire reconhecimento. Quando fizer isso, você estará preso na frequência da gratidão, e todas as coisas boas serão suas.

Estudos constataram que, quando recebem um agradecimento por seu serviço, as pessoas querem fazer ainda mais por quem lhes agradeceu. E o resultado é ainda mais forte quando envolve cônjuges ou parceiros. Quando um cônjuge reage com gratidão a uma gentileza do outro, este se motiva a ser ainda mais gentil. Isso inspira ainda mais gratidão e atos de gentileza, até que se forma uma avalanche de gentileza e gratidão. Essa é a demonstração perfeita de como age a lei da atração. E para manter esse ciclo só é preciso um pouco de gratidão.

Gratidão pelos Relacionamentos Difíceis

Você pode melhorar qualquer relacionamento difícil ou negativo com a gratidão. Basta procurar coisas que ama e aprecia no outro. No começo, parece difícil, principalmente se faz algum tempo que você alimenta sentimentos ruins por essa pessoa. Esforce-se para procurar constantemente coisas que aprecia na outra pessoa e que lhe geram gratidão. Quando fizer isso, você vai se espantar com o que acontece. Vai parecer que algo incrível aconteceu com a outra pessoa. Mas sua gratidão é que é incrível, porque ela dissolve a negatividade, inclusive a negatividade dos relacionamentos. Você só precisa se sentir grato a essa pessoa, e tudo mudará no relacionamento de vocês!

Para um certo homem, seu relacionamento mais difícil era com o colega irritadiço que se tornara líder da equipe. Era uma equipe pequena, de seis pessoas, e parecia que todo dia uma delas passava pelo intenso escrutínio do líder. Eles recebiam repreensões ferozes a cada errinho. O líder vociferava e se enraivecia, jogava longe canetas e papéis e levava cada probleminha até a alta diretoria. A princípio, o homem conseguiu evitar a ira do líder da equipe. Mas, aos poucos, sentiu que estava se tornando alvo da raiva não resolvida do chefe. Passou a temer as agressões verbais diárias. Ficou deprimido e começou até a questionar seu valor como funcionário e como pessoa.

Então, ele decidiu mudar a situação. Parou de pensar e de se preocupar com o próximo ataque de fúria do líder e tomou providências para mudar a natureza do relacionamento deles. A partir daquele momento, sempre que recebia alguma crítica ou agressão verbal, ele respondia agradecendo ao líder da equipe por corrigir seus erros. Dizia-se agradecido pela ajuda para se tornar um trabalhador melhor e um funcionário mais valorizado. Também elogiava a excelente capacidade de liderança e os outros atributos do chefe. O resultado foi quase instantâneo. As críticas e reclamações pararam e, pela primeira vez, o líder do time agradeceu ao homem por seu trabalho. Começou até a falar com ele como se fossem velhos amigos. Nada mudou entre o líder e os demais membros da equipe, que continuaram a receber repreensões duras. Mas pelo menos esse homem conseguiu melhorar drasticamente sua situação no trabalho.

Há um tesouro em cada relacionamento seu, mesmo os que são difíceis ou parecem cheios de negatividade. Para levar riqueza à vida e a todos os seus relacionamentos, é preciso encontrar esse tesouro.

Gratidão pelos Relacionamentos Fracassados

Também é possível salvar o tesouro de um relacionamento naufragando com a prática da gratidão.

Caso se veja nessa situação, recorde a história desse relacionamento fracassado e liste todas as coisas pelas quais você se sente grato à outra pessoa. A maneira mais fácil de fazer isso é recordar como era a situação *antes* que o relacionamento se deteriorasse ou terminasse. Se ele nunca foi bom, pense em alguma qualidade da pessoa ou nas ótimas coisas que você aprendeu com o relacionamento.

Por exemplo, se seu ex-cônjuge estiver ligado a você pelos filhos e o relacionamento de vocês não for bom, olhe para o rosto dos seus filhos. Perceba que eles não estariam vivos se não fosse seu ex-cônjuge. A vida dos seus filhos é uma das dádivas mais preciosas que você tem. Olhe para seus filhos e agradeça ao seu ex-cônjuge pela vida deles todos os dias! Além de levar paz e harmonia ao relacionamento, com seu exemplo você ensinará aos seus filhos a maior ferramenta da vida: a gratidão.

Enquanto reflete sobre o relacionamento fracassado, lembre-se de que esse exercício não serve para dizer quem está certo ou errado. Não importa o que você sente que lhe fizeram, o que disseram ou como o magoaram. *Você* pode curar o relacionamento e não precisa da outra pessoa para isso. Só é preciso uma pessoa para mudar um relacionamento por meio da gratidão, e quem recebe os benefícios em toda a sua vida é a pessoa que usa a gratidão.

> *Desde a época em que era menina, seu pai era um homem agressivo, alcoólatra e viciado em drogas que vivia entrando e saindo da prisão. Na infância e na adolescência, ela se culpava pelo amor que ele não lhe demonstrava. Mesmo adulta, ela se perguntava quem poderia amá-la, se nem o pai conseguia. Finalmente, ela percebeu que tinha de perdoá-lo para fazer sua vida avançar. Desejou-lhe tudo de bom onde quer*

que estivesse e agradeceu a ele por lhe ensinar que tipo de mãe e pessoa ela queria ser. Com o exemplo dele, ela viu que queria proteger e cuidar das pessoas que amava e ajudá-las sempre que possível a serem felizes. Ao escolher a prática da gratidão, hoje ela está a caminho de realizar seu sonho, com um marido amoroso, três lindos filhos e uma vida maravilhosa.

Quando você se esforçar para agradecer por todos os relacionamentos da sua vida, do passado e do presente, um milagre ocorrerá. A partir desse estado positivo de pura gratidão, você terá a sensação mais pacífica de alívio e encerramento de todos os conflitos e de todas as disfunções do passado. Também descobrirá que seus relacionamentos atuais melhorarão drasticamente e receberá em sua vida relacionamentos novos e gratificantes. Dirá adeus ao medo, à preocupação, ao pesar e à depressão. E no lugar deles haverá felicidade, clareza, paciência, gentileza, compaixão, compreensão e paz de espírito. É esse o poder da gratidão.

LIÇÃO 7
O Segredo para Você

É comum sermos críticos de nós mesmos e não nos amarmos completamente. Não nos amar pode *afastar* de nós aquilo que queremos quando buscamos o amor na vida. Quando não nos amamos, estamos literalmente empurrando o amor que queremos para longe de nós.

A não ser que se preencha primeiro, você não terá nada para dar a ninguém. Se quiser atrair relacionamentos novos ou melhores, é imperativo que cuide de *si* primeiro. Se não se tratar com amor e respeito, mandará ao Universo a mensagem de que você não merece nem é digno de amor. Essa mensagem continuará a ser transmitida, e você passará por mais situações em que não é tratado com amor e respeito. As pessoas são só o efeito. Seus pensamentos são a causa.

Os pensamentos autocríticos causam o maior mal à sua vida, porque fazem você se sentir péssimo. Então, aonde for ou o que fizer, você levará esses sentimentos negativos consigo a cada momento. Esses sentimentos mancham tudo o que você toca; mancham seu modo de ver o mundo e afetam todas as circunstâncias da sua vida. Os pensamentos negativos sobre si mesmo agem como um ímã que atrai mais insatisfação, descontentamento e decepção em tudo o que você faz.

Mude Seu Jeito de Pensar em Si Mesmo

Comece a mudar o modo como se sente mudando seu jeito de pensar em si. Quando fizer isso, a lei da atração moverá o Universo inteiro para combinar com o que você está emitindo, e sua vida será cheia de gente que ama e respeita você.

> *Conheço uma mulher que se esforçava para se sentir à vontade em qualquer situação social porque não pensava coisas boas sobre si mesma. Na verdade, ela se achava tão indigna de atenção que, aonde*

*quer que fosse e com quem estivesse, sempre se
sentia "ofuscada" pelos outros. Na sua cabeça,
ela era aquela de quem ninguém se lembrava,
confinada às sombras. Embora soubesse que estava se
diminuindo, ela simplesmente não conseguia deixar
de acreditar que não era boa o bastante. Sua vida
amorosa sofria, todos os seus relacionamentos eram
fadados ao fracasso devido aos seus pensamentos
de falta de valor.*

*Só quando decidiu modificar seu jeito de pensar, as
circunstâncias começaram a mudar. Em vez de ser
ofuscada, ela decidiu que brilharia. Decidiu que faria
todos a olharem quando andasse pela rua ou entrasse
numa sala. Disse várias vezes a si mesma que era
mais do que boa o bastante. Começou a se apreciar e se
valorizar e acreditar que merecia no mínimo o melhor.
Com essa nova confiança, veio uma grande sensação de
felicidade. É claro que a lei da atração inevitavelmente
respondeu a esses bons pensamentos e sentimentos, e a
mulher logo conheceu o amor de sua vida. Ela diz que
não parou de sorrir desde o dia em que se conheceram e
duvida de que vá parar.*

Essa mulher parou de alimentar pensamentos de falta
de valor e começou a pensar de forma mais positiva
sobre si. Descobriu que quanto mais se concentrava
em se sentir bem consigo mesma, mais coisas boas
chegavam à sua vida, como seu par perfeito. Ela
aprendeu que é preciso ser rico de bons pensamentos
e sentimentos positivos a respeito de si para ter
as riquezas da vida. Na verdade, é impossível ser

verdadeiramente feliz se você não se amar. E, se não se amar, você bloqueará todo o amor e todo o bem que o Universo tem para você.

Apaixone-Se por Você

Para criar a vida dos seus sonhos, com relacionamentos maravilhosos e felicidade inabalável, chegou a hora de se apaixonar por você. Apaixonar-se por você não é arrogância nem presunção; é um amor saudável e um respeito por si do jeito que você é. Quando se ama, você se transforma num ímã de amor que atrairá mais amor nos seus relacionamentos e mais coisas que ama em todas as áreas da vida. Apaixone-se por si mesmo para que o resto do mundo também possa amá-lo.

E como se apaixonar por você?

Você se apaixona por si do mesmo modo que se apaixona por outras pessoas: adorando *tudo* a respeito delas! Quando se apaixona por outra pessoa, você só vê, escuta, fala e *sente* amor com todo o coração. Portanto, apaixone-se por *você* olhando todas as coisas boas a seu respeito e fazendo todas as coisas que levam *você* a se sentir bem.

Onde quer que esteja em seu dia, o que for que esteja fazendo, procure as coisas que ama. Pense no que ama. Fale sobre o que ama. Faça o que ama fazer e faça com paixão, até o coração transbordar. Quando amar o máximo possível tudo que faz, você atrairá as pessoas que ama, os relacionamentos que ama e todas as coisas que ama. O coração que arde de paixão é a força mais atrativa do Universo.

> Uma noiva foi abandonada no altar pelo futuro marido, que a trocou sem cerimônias por outra mulher. De coração partido e com a autoestima em queda livre, ela passou os dois anos seguintes tentando usar O Segredo para reconquistá-lo. Isso estava fadado ao fracasso, pois o livre-arbítrio dele estava com outra pessoa. Finalmente, ela desistiu dele e tomou a decisão de procurar seu amor verdadeiro. Para isso, percebeu que teria de aprender a se amar e a realmente gostar da vida, para que o Universo lhe entregasse seu par perfeito. Primeiro, ela achou uma nova paixão: escalada. A alegria que sentia nessa nova atividade fazia seu coração transbordar. Portanto, não surpreende que tenha sido a escalada que a fez encontrar o novo amor de sua vida – um colega montanhista. Agora, depois de dois anos de namoro e escaladas juntos, ela se sente literalmente no topo do mundo.

Felicidade Atrai Felicidade

Seu trabalho é amar o máximo que puder todos os dias. Ame e adore tudo o que conseguir hoje – você, inclusive –, e afaste-se das coisas que não ama. Se conseguir, seu amanhã transbordará com a felicidade inaudita de tudo o que você ama.

Para muita gente, isso parece contraintuitivo. As pessoas se perguntam como amar quando se sentem absolutamente desamadas. Mas não tem outro jeito. Para receber amor, primeiro você tem de amar. Para receber a felicidade inaudita, primeiro você precisa ser feliz.

E é bem aí que está um dos grandes segredos por trás do Segredo.

Na verdade, é o atalho para tudo o que você quer na vida:

SEJA e SINTA-SE feliz agora!

Essa é a maneira mais rápida de atrair amor, relacionamentos felizes e tudo o que quiser em sua vida. Concentre-se em irradiar para o Universo esses pensamentos e sentimentos de alegria e felicidade. Quando fizer isso, você atrairá mais coisas que lhe dão alegria e felicidade.

Infelizmente, a maioria tem uma ideia errada da felicidade. Acreditamos que, quando conseguirmos tudo o que queremos, seremos felizes.

Mas se você passa a vida dizendo a si mesmo: "Serei feliz quando encontrar meu verdadeiro amor", "Serei feliz quando concluir meu divórcio",

"Serei feliz quando fizer novos amigos", "Serei feliz quando resolver os problemas com minha família" ou "Serei feliz quando meu chefe me respeitar", você nunca terá essas coisas, porque seus pensamentos estão questionando o modo como a vida funciona. Estão questionando a lei da atração.

Você tem *primeiro* que ficar feliz para receber coisas felizes! Tem que se encher de felicidade para atrair circunstâncias felizes, pessoas felizes e relacionamentos felizes. Não há outro jeito, porque o que quiser *receber* na vida você terá que pensar e sentir primeiro!

A fórmula é simples... *Felicidade atrai felicidade.*

As pessoas dão muitas desculpas para não serem felizes e não usarem essa fórmula simples, mas é a lei: seja feliz agora e você atrairá ainda mais coisas que o deixarão feliz.

Seja Feliz apesar das Circunstâncias

A não ser que comece a se sentir feliz apesar das circunstâncias da vida, você não conseguirá atrair mais felicidade nem relacionamentos felizes. A lei da atração diz: seja feliz agora e, enquanto continuar assim, você receberá felicidade ilimitada e uma vida cheia de coisas que o deixam feliz.

Uma mulher tinha desde sempre o sonho de se casar e ter a própria casa e uma família feliz, saudável e amorosa. No entanto, depois do casamento, ela e o marido ficaram sobrecarregados com as antigas dívidas dele. Além disso, os dois sofriam crises leves de depressão e concordaram em adiar a ideia de ter filhos. Com o passar do tempo, aquela promessa de um lar e uma família feliz parecia cada vez mais distante. Então, depois de dez anos de casados, o marido foi embora, e o sonho de felicidade dessa mulher pareceu abalado para sempre.

Ela sobreviveu ao coração partido e ao divórcio complicado e partiu numa jornada de amor-próprio. Encontrou consolo na ioga. Também começou a se dedicar aos sobrinhos e sobrinhas. Não era a mesma coisa que ter uma família só sua, mas servia. Veja bem, ela nunca abandonou completamente o sonho de sua vida. Ainda imaginava um lar e o par perfeito — amoroso, gentil, sem dívidas e dono de um escritório de design gráfico na cidade natal dela. Como se pode ver, sua lista de desejos era bem específica. Ainda assim, ela continuou solteira e se tornou realmente feliz dentro de si.

Pouco tempo depois, ela conheceu alguém na internet que, como logo descobriu, combinava nos mínimos detalhes com sua lista de desejos. Era um homem muito gentil e amoroso, tinha um escritório de design gráfico e uma casa própria que se parecia muito com a que ela sempre sonhara. Eles se apaixonaram e ficaram noivos. Estão planejando uma família e tendo uma vida mais feliz do que ela jamais imaginou.

Mas é claro que essa felicidade não veio do casamento, da família ou da casa dos sonhos: ao contrário. Só quando foi capaz de se encher de felicidade, sem se importar com o que acontecia em sua vida, essa mulher conseguiu atrair um casamento feliz, uma família, um lar e uma vida cheia de felicidade.

Sua vida está em suas mãos. Não importa o que já aconteceu; agora você pode escolher conscientemente uma vida cheia de felicidade. A felicidade vem de dar toda a sua atenção aos pensamentos que deixam você feliz e ignorar os que não deixam. Quando dá sua atenção a pensamentos que deixam você feliz, além de ficar mais feliz, todas as circunstâncias da sua vida vão melhorar! Felicidade e amor são como dois lados de uma mesma moeda. Não se pode ter felicidade sem dar e sentir amor.

Não importa quantos erros cometeu, não importa em que ponto da vida está, não importa o que *você* pensa de si; o Universo está plena e completamente apaixonado por você. E, quando começar a se amar, sem dúvida alguma o amor dos outros encontrará você.

LIÇÃO 8
A Maior Dádiva

De acordo com a lei da atração, em cada circunstância e momento da vida você recebe de volta o que deu, quer perceba essa ligação, quer não. Em poucas palavras, você recebe o que dá.

Faz sentido que, se é amor e apreciação o que você quer, você tenha que dar amor e apreciação.

Todo santo dia, não importa quem você encontre – amigos, parentes, colegas de trabalho, até desconhecidos –, você tem inúmeras oportunidades de oferecer amor e apreciação. Um sorriso, um elogio ou uma gentileza, ou mesmo só sentir afeto por alguém em seu coração: cada um desses é um exemplo de dar amor e apreciação.

Quando se sente feliz, essa é sua garantia de
que você dará amor e positividade a todos com
quem entrar em contato. Isso é verdade mesmo
quando você se conecta brevemente com alguém
numa loja, no ônibus, no elevador e até ao telefone.
Quando seus bons sentimentos fazem diferença
para as pessoas com quem você se conecta, o
efeito disso em *sua* vida é quase incompreensível.
Quando você dá amor e apreciação a alguém, o amor
volta, mas de uma forma muito maior do que você é
capaz de perceber.

Quando dá amor ao outro e seu amor afeta a
pessoa positivamente, ela pode passar esse amor a
outra pessoa. Não importa quantas pessoas sejam
positivamente afetadas, não importa até onde vá o
efeito do seu amor; *todo* esse amor volta para você.
E o amor retorna a você disfarçado de circunstâncias,
pessoas e eventos que você ama na vida.

> *Uma moça usou essa prática para curar seu coração*
> *partido e conhecer o amor de sua vida. Antes disso, ela*
> *havia passado por uma montanha-russa de emoções*
> *devido a um relacionamento íntimo cheio de idas e*
> *vindas ao longo de três anos. Apenas no último ano,*
> *o namorado rompera quatro vezes com ela. Não é que*
> *não a amasse, mas ele tinha dificuldade em manter*
> *compromissos. E, embora ela tivesse certeza de que ele*
> *não pretendia magoá-la, a insegurança e a indecisão*
> *dele provocaram nela uma tremenda dor de cotovelo.*
> *No último rompimento, ela começou uma prática que*
> *leu no meu livro* **A magia**. *A prática envolve dar amor*

aos outros sem esperar retorno. Então essas pessoas dividem esse amor com outras, que o dividem com outras, e assim continua numa corrente do amor que volta a você da maneira mais inesperada.

A mulher começou a prática se voluntariando a ajudar pessoas com depressão e ansiedade. Por coincidência, trabalhando como voluntária, ela conheceu um homem que era gentil, compassivo e perfeito em muitos aspectos. Eles se conectaram imediatamente e, embora ela não estivesse procurando o amor, um novo relacionamento surgiu. Simplesmente por dar tempo, amor e compaixão a tantos outros, ela recebeu mais amor e compaixão do que tinha sonhado.

Foi aí que o ex voltou, implorando perdão e insistindo que tinha mudado. Chegou a se ajoelhar e pedi-la em casamento. Do ponto de vista dela, ele parecia sincero. Ela sentiu que ele realmente mudara e se tornara o homem que ela sempre desejara desde o primeiro rompimento. Mas se manteve firme. Rejeitou com gentileza o pedido de casamento e lhe desejou tudo de bom.

Enquanto isso, ela se comprometeu com o novo relacionamento com o homem dos seus sonhos, apreciando o tipo de relacionamento amoroso que nunca imaginara possível.

Doar de Todo o Coração

Uma das práticas mais poderosas é dar sem nenhuma expectativa de receber. Quando você doa algo de todo o coração, a lei da atração capta esse sinal e devolve o amor para sua vida.

Você também descobrirá que doar de todo o coração é uma das coisas mais alegres que se pode fazer, porque você dá o que tem de melhor! Você dá sua verdadeira natureza, que é o amor.

Na verdade, nosso maior poder é o amor, e ele é a única coisa que cada um de nós tem em uma quantidade ilimitada. Nenhum ser humano tem uma quantidade menor dele e ninguém tem limites à quantidade de amor que pode tirar de dentro de si. Todo dia temos a oportunidade de começar com esse grande poder ilimitado que possuímos e dá-lo a todas as pessoas com quem entramos em contato.

Quanto amor *você* dá aos outros em um dia?

Dar amor é apreciar, elogiar, sentir gratidão, sorrir e falar palavras gentis aos outros. Você pode ser cortês com os outros motoristas quando dirige. Pode dar um sorriso ao manobrista do estacionamento. Pode cumprimentar calorosamente o vendedor da loja ou a pessoa que prepara seu café. Pode dar amor permitindo que um desconhecido entre antes de você no elevador, perguntando para que andar vai e apertando o botão para ele. Quando alguém deixa alguma coisa cair, você pode ajudar pegando-a do chão. Pode dar abraços afetuosos em quem você ama. E pode dar apreciação e incentivo a todo mundo.

Somos Um Só

Quando damos amor, ele volta para nós porque somos Um só. Estamos todos conectados, e todos fazemos parte do Campo Único de Energia, ou da Mente Única Suprema, ou da Consciência Única, ou da Fonte Única Criativa. Dê o nome que quiser, mas todos somos Um só.

Se pensar agora na lei da atração em termos de todos sermos Um você verá sua perfeição absoluta.

E entenderá por que seus pensamentos negativos sobre alguém retornarão para prejudicar apenas você.

Quando invocar a lei da atração para pedir algo para si, experimente pedir também para todos. Coisas boas para você – coisas boas para todos. Prosperidade para você – prosperidade para todos. Saúde para você – saúde para todos. Alegria para você – e alegria para todos. Amor, felicidade e relacionamentos harmoniosos para você – amor, felicidade e relacionamentos harmoniosos para todo mundo.

Pode imaginar o que aconteceria se bilhões de pessoas pedissem essas coisas para você?

É algo pequeno que você pode fazer e que tem um resultado incrível.

Uma mulher de meia-idade gostava muito de doar-se aos outros. No entanto, seu mundo foi profundamente abalado quando, em um curto período, ela passou por algumas circunstâncias trágicas. Primeiro, a irmã morreu de câncer, depois o irmão morreu em um acidente e, finalmente, a mãe faleceu após uma doença prolongada. Além disso tudo, seu casamento desmoronou depois de 39 anos. Mesmo assim, ela superou o sofrimento com sonhos de um futuro promissor, no qual ajudaria a fazer do mundo um lugar melhor. Seu maior sonho era ensinar e ajudar crianças com seu amor pela música e pela cavalgada.

Durante esse período traumático da família, o filho implorou que ela fosse visitá-lo em sua casa na Costa Rica. Quando o divórcio terminou, ela concordou, principalmente porque agora tinha um neto novinho em folha para conhecer. Ela se apaixonou na mesma hora pela Costa Rica, não só pelo clima e pelo estilo de vida, mas também pela oportunidade que o país lhe oferecia. Ela pôde ensinar inglês às crianças do bairro e dar aulas de violão e montaria, como sempre sonhara. Também conheceu o homem dos seus sonhos; ele tinha alguns cavalos, e os dois se casaram e foram morar em sua bela casa, ali mesmo, na Costa Rica. Mas é claro que tudo isso era, simplesmente, tudo o que ela havia doado voltando a uma mulher cujo maior desejo sempre fora doar-se aos outros.

Dê seu amor porque ele é o ímã de *todas* as riquezas da vida. E sua vida ficará mais rica do que você imagina, porque, quando dá amor, você realiza todo o propósito da vida. Quando dá amor, você recebe de volta tanto amor e tanta alegria que parece mais do que pode aguentar. Mas você *pode* aguentar amor e alegria ilimitados, porque é isso que você é e porque amar é o propósito da vida.

Dar amor é o caminho supremo para estar em completa harmonia com a lei da atração. Na verdade, a lei da atração já foi chamada de lei do amor, porque a lei em si é uma dádiva de amor à humanidade. É a lei pela qual podemos criar vidas incríveis para nós. Quanto mais amor damos, maior nosso poder de criar uma vida magnífica de amor, alegria e harmonia.

Resumo
O Segredo para o Amor

Seus relacionamentos estão em suas mãos. Não importa como eles estejam nem o que aconteceu até agora. Você pode começar a escolher conscientemente seus pensamentos e mudar qualquer relacionamento na vida – ou atrair o novo que deseja. Você está aqui neste planeta glorioso dotado desse poder maravilhoso de criar toda a sua vida. Não há limite ao que você pode criar para si, porque sua capacidade de ter bons pensamentos é ilimitada. A harmonia nos relacionamentos, a felicidade e o amor lhe virão no futuro com base em seus pensamentos de hoje.

Mas lembre-se: você cria sua vida por meio dos seus pensamentos, mas não pode criar a vida dos outros por eles. Não pode pensar por eles, e se tentar forçar suas opiniões ou impor sua vontade aos outros, só atrairá essa mesma coisa para você. Impor sua vontade é não permitir à outra pessoa a liberdade de ser quem ela é. Impor sua vontade também pode resultar na atração de situações ou eventos negativos em que você se verá impotente.

Portanto, deixe os outros criarem a vida que quiserem, deixe que façam o que quiserem, que fiquem com quem quiserem e amem quem quiserem.

Isso pode ser duro, como atestam as muitas pessoas de coração partido que me escrevem.

No entanto, se você estiver nessa situação, nem tudo é tristeza e trevas. Se estiver sofrendo com coração partido, amor não correspondido ou sentimentos de solidão, isso tem um lado bom.

Veja, é o coração partido das épocas difíceis que nos dá o maior desejo de mudar de vida. Esse desejo imenso de ter uma vida melhor é como um fogo magnético muito poderoso. Seja grato por tudo o que fez esse fogo acender o desejo dentro de você. Esse desejo candente lhe dará força e determinação e você *mudará* sua vida.

Tudo na vida se apresenta a você para que escolha o que quer ou não. A vida é como um catálogo. É você quem escolhe coisas no catálogo ao dar sua atenção e seus pensamentos a ela. O catálogo da vida contém muitas coisas que você não quer, portanto tome cuidado para não escolhê-las sem querer pensando nelas. Só os pensamentos do que você quer lhe trarão o que deseja!

Assim, quando vir um casal feliz loucamente apaixonado e quiser desesperadamente um parceiro na vida, sinta-se bem por esse casal feliz. O catálogo da vida está lhe apresentando o casal feliz para que você possa escolhê-lo. Se você se sentir triste ou solitário ao ver o casal feliz, a lei da atração entende: "Quero ficar triste e solitário", porque foi nisso que você se concentrou. Você tem que pensar no que quer para receber o que quer.

Quando se sente bem com o que os outros têm, você traz isso para si. Quando se sente bem com o sucesso dos outros, a felicidade dos outros e todas as boas coisas que os outros têm, você escolhe essas coisas para si no catálogo da vida.

Quando conhecer alguém com qualidades que você gostaria de ter, ame essas qualidades na pessoa e você trará essas qualidades para si. Quando alguém for inteligente, bonito ou talentoso, ame essas qualidades e escolherá essas coisas para *você*!

Quando vir um casal feliz, amigos se divertindo juntos, crianças rindo ou um possível parceiro, significa que você está na mesma frequência dessas coisas! Seja feliz, porque sua felicidade está escolhendo essas coisas. Sua felicidade as atrai para você.

Você veio ao mundo para criar a vida que quer. Sua mente é uma ferramenta poderosa que pode lhe trazer tudo o que quiser se você só der atenção aos pensamentos sobre o que você deseja! É fácil ser positivo, grato, apreciar e dar amor porque essas coisas nos enchem de pura energia positiva e bons sentimentos. E quando ficamos negativos, críticos e consideramos as coisas garantidas, grande parte da nossa energia é tirada.

Sua vida está em suas mãos, como acontece com todo mundo. Um só pensamento pode mudar tudo! Você pode ser, ter ou fazer o que quiser. Pode ter o relacionamento dos seus sonhos com todo mundo na vida por meio de pensamentos constantes de apreciação, gratidão e amor.

Que a alegria esteja com você.

Rhonda Byrne

O Segredo para a Saúde

INTRODUÇÃO
O Segredo para a Saúde

Deveríamos nos sentir transbordantes de saúde, energia e felicidade a maior parte do tempo, porque esse é o nosso direito de nascença. Mas a realidade é que muita gente não se sente assim com frequência, se é que se sente em algum momento. Muita gente lida com doenças crônicas, sofre crises de depressão e outros problemas – todos esses estados de saúde menos do que perfeita.

A saúde perfeita é nosso direito de nascença, e todos nós a merecemos, mas, se é assim, por que nem todos a temos? Há várias razões para a falta de saúde, mas uma delas é o fato de que usamos o poder da mente para atrair a doença e o mal-estar, e não para atrair a saúde e o bem-estar.

Ensinamentos espirituais antigos nos dizem que a saúde do corpo é completamente governada pelo inconsciente; como você descobrirá, basta saber disso para reprogramar a saúde do corpo.

Durante a vida, programamos nosso inconsciente com muitas crenças. Todo pensamento que acreditamos ser verdade vai direto para o inconsciente como crença, e a partir daí aparecerá em nossa vida, refletindo essa crença. Aquilo em que acreditamos sempre se realizará em nossa vida, a menos que mudemos nossa crença.

Quando você chegou a este mundo, seu inconsciente era uma lousa vazia; aos poucos, com o passar dos anos, você absorveu as opiniões, os pontos de vista, a perspectiva e as crenças de seus pais, professores, amigos e da sociedade. Muitas crenças que aceitou no seu inconsciente chegaram lá nos primeiros anos da infância. Como não temos capacidade de discernimento nessa idade, tendemos a aceitar tudo o que os adultos nos dizem.

Há algumas crenças que são úteis: crenças positivas, como "Sei que posso fazer tudo que decidir fazer". Mas, na área da saúde, muita gente tem crenças que não são úteis; crenças em alergias, em pegar resfriado com facilidade ou em algumas doenças que acreditam ser comuns na família. A não ser que sejam sobre ter uma saúde perfeita, essas crenças não vão ajudar.

O bom é que é relativamente fácil reprogramar o inconsciente por meio da repetição do pensamento. Na verdade, não é diferente de reprogramar um computador. O inconsciente não tem a capacidade de raciocinar e aceita tudo o que você põe nele. Como o gênio de *Aladim*, o inconsciente está às suas ordens.

Tudo o que você vai aprender neste livro visa reprogramar seu inconsciente para que a saúde se manifeste no seu corpo, não importa quais sejam suas circunstâncias agora. As palavras e os conceitos a seguir são projetados para expor e erradicar as crenças negativas que você pode ter sobre doenças, e as práticas o ajudarão a cimentar no seu inconsciente crenças novas sobre como se manter saudável. Esse é O Segredo para conquistar uma boa saúde.

LIÇÃO 1

Revelação do Segredo para a Saúde

O que significa ser saudável? Talvez você ache que ser saudável significa não estar doente, mas ser saudável é muito mais do que isso. Quando se sente razoavelmente bem, mais ou menos, ou razoavelmente mal, você não é saudável.

Ser saudável é sentir-se como as crianças pequenas. Elas explodem de energia todos os dias. Seu corpo é leve e flexível; mover-se não exige esforço. Têm os pés leves. Sua mente é clara: são felizes, sem estresse nem preocupação. Dormem profunda e pacificamente toda noite, e acordam se sentindo renovadas, como se tivessem um corpo novo em folha. Sentem-se apaixonadas e empolgadas a cada novo dia. Olhe as crianças pequenas e verá o que realmente significa ser saudável. Era assim que você se sentia, e é como você *ainda* deveria se sentir!

Você pode se sentir assim quase todo o tempo, porque a saúde está sempre à sua disposição. Nunca há um segundo em que algo lhe seja tirado. O que você quiser é seu, e isso inclui a saúde. Mas você tem que abrir a porta para recebê-la!

Quando conhecer O Segredo, você entenderá que pode ter *tudo* o que quiser: felicidade verdadeira, relacionamentos maravilhosos, riqueza abundante e, sem dúvida, ótima saúde. Pense bem: a saúde é a coisa mais preciosa da vida, e, mais do que tudo, podemos considerar nossa saúde garantida. Para muitos de nós, a única vez que pensamos na saúde é quando a perdemos. Então, percebemos: sem saúde, não temos nada.

Conhecendo O Segredo, você pode gozar de grande saúde e vitalidade todos os dias pelo resto da vida. Também pode se recuperar de qualquer crise de saúde, fazer qualquer lesão sarar e se curar de qualquer doença.

Sei de milagres de saúde que aconteceram quando parecia não haver mais esperança: rins com insuficiência que se regeneraram, corações doentes que sararam, visões que foram restauradas, tumores que sumiram e ossos que cresceram e se recompuseram sozinhos. Pessoas me escreveram para descrever como se curaram de diabetes, tuberculose, esclerose múltipla, epilepsia e várias formas de câncer. Sei de pessoas que estavam com depressão e foram catapultadas para uma vida alegre e realizada. Conheço quem sofria de ansiedade e agora tem uma saúde mental perfeita.

E tudo isso porque elas sabiam como aplicar O Segredo.

O Que É o Segredo?

O Segredo é uma das leis mais poderosas do Universo: a lei da atração.

A lei da atração responde aos seus pensamentos dominantes e os materializa. Aquilo em que você pensa e se concentra aparecerá em sua vida. Não importa quem você é nem onde está; a lei da atração forma toda a sua experiência de vida, e essa lei todo-poderosa faz isso por meio dos seus pensamentos. É você que põe em ação a lei da atração, e faz isso com seus pensamentos.

Como isso funciona exatamente?

Há muito se sabe que a matéria, ou os objetos físicos, são em nível microscópico pacotes de energia. Bom, a vanguarda da ciência confirmou que todo pensamento também é formado de energia e tem uma frequência única. Quando se irradiam pelo Universo, a energia e a frequência de um único pensamento afetam as coisas do mundo material que estão na mesma frequência. De acordo com a lei da atração, "os iguais se atraem". Isso significa que seus pensamentos atraem magneticamente tudo o que estiver em frequência "igual" ou similar. Quando se irradia, o pensamento é atraído para a energia e a frequência de pensamentos, objetos e até pessoas similares, e ele atrai essas coisas para você. Em outras palavras, seus pensamentos atraem aquelas coisas em que você pensa, e assim, por essa lei poderosíssima, seus pensamentos se tornam as coisas que estão presentes na sua vida. Seus pensamentos se tornam coisas! Diga isso para si e deixe que se infiltre em sua consciência.

Seus pensamentos se tornam coisas!

A lei da atração responde aos seus pensamentos, sejam eles quais forem. Se conseguir pensar no que quer e tornar esses pensamentos dominantes, você *trará* o que quer para sua vida. Isso é ainda mais verdadeiro quando se trata da saúde, pois um único pensamento, repetido várias vezes, se entranha como crença no inconsciente. Lembre-se: a saúde do corpo é inteiramente governada pelo inconsciente.

A repercussão disso do ponto de vista da saúde é simplesmente fenomenal. Ao pensar em si mesmo vivendo com perfeita saúde, você determina de forma poderosa e consciente sua saúde e seu bem-estar futuros; seus pensamentos direcionam seu inconsciente para a saúde perfeita por meio da lei da atração. É simples assim.

Mas por que nem todo mundo vive com perfeita saúde? É porque a lei da atração lhes dá o que essas pessoas estão pensando... e ponto-final!

A Lei da Atração É Impessoal

A lei da atração é uma lei da natureza. É impessoal e, portanto, reage a todos os pensamentos da mesma maneira, sejam eles positivos ou negativos. A lei da atração não prefere a saúde à doença; ela simplesmente lhe dá aquilo em que você pensa. A lei da atração recebe permanentemente seus pensamentos e os reflete de volta a você na forma de pessoas, circunstâncias e eventos de sua experiência de vida.

A razão primária de as pessoas não terem a saúde que querem é porque elas estão pensando mais sobre o que *não* querem do que sobre o que *querem*. Pensam mais na doença do que na saúde e no bem-estar.

Quando o paciente se concentra na doença, ele traz sem querer mais doença para si pela lei da atração. Por outro lado, quando ele se concentra na saúde e remove toda noção de doença dos seus sentimentos e pensamentos, então, pela lei da atração, a saúde será produzida.

> *Tenho dois amigos que, por coincidência, contraíram o vírus que provoca o herpes mais ou menos na mesma época. Disseram aos dois que o herpes é tratável com medicamento antiviral, mas que pode levar de uma semana a dois meses para sarar. Também foram avisados de que a doença seria bem dolorosa. Assim, temos duas pessoas: mesma idade, mesmos sintomas, mesmo diagnóstico. A diferença foi que um deles escolheu ter pensamentos esperançosos, gratos e*

apreciativos: primeiro sobre o antiviral, depois sobre sua própria saúde e a capacidade do corpo de curar-se. Ele se recuperou do herpes em poucos dias, sem nenhum efeito colateral doloroso. A segunda pessoa teve a reação oposta. Teve muitos pensamentos ansiosos e amedrontados, não só sobre a dor que sentiria, mas sobre os dias de trabalho que perderia e como isso prejudicaria sua empresa. Ele passou a se ressentir da doença. É claro que passou quase oito semanas mal e continua a temer uma recaída.

Lembre-se de que toda vez que escuta alguém falar de alguma doença e se concentra nessa doença, você a está convidando para sua vida. Em vez disso, tenha pensamentos de saúde, diga palavras de saúde e agradeça por sua saúde e seu bem-estar.

A Epidemia do "Não Quero"

Uma epidemia pior do que qualquer praga que a humanidade já enfrentou vem se alastrando há séculos. É a epidemia do "não quero". As pessoas mantêm essa epidemia viva quando pensam, falam, agem e se concentram predominantemente no que "não querem".

Quando você concentra seus pensamentos em algo que quer ou em algo que *não* quer e mantém esse foco, nesse momento você está convocando essa coisa com o maior poder do Universo. A lei da atração não entende o "não" nem outras palavras de negação. Quando você diz palavras de negação, a lei da atração recebe a mensagem contrária.

Portanto, quando você diz "Não quero pegar uma gripe".

A lei da atração ouve *"Quero pegar uma gripe"*.

Quando você diz "Não quero ter dor de cabeça".

A lei da atração ouve *"Quero ter dor de cabeça"*.

Quando você diz "Não quero cair e me machucar".

A lei da atração ouve *"Quero cair e me machucar"*.

Quando você diz "Não quero engordar".

A lei da atração ouve *"Quero engordar"*.

Quando você diz "Não quero adoecer".

A lei da atração ouve *"Quero adoecer"*.

Você atrai aquilo em que mais pensa, e por isso todo esse papo de "não quero" na verdade é o responsável pela epidemia do "não quero". Sem querer, a maioria da população preenche todos os aspectos da vida com o que não quer e não entende por que a vida não melhora.

Na verdade, o estado atual do seu corpo e seu nível atual de saúde são apenas um reflexo dos pensamentos que você teve. É fácil ver como seus pensamentos dominantes vêm afetando sua saúde, porque é isso que você vem vivenciando. E isso continua sendo verdade independentemente de esses pensamentos dominantes serem sobre coisas que você quer ou de serem parte da epidemia do "não quero".

Isso também é verdade para as pessoas que convivem com doenças crônicas ou prolongadas. Muita gente tenta, instintivamente, combater a doença para superá-la. Mas, de acordo com a lei da atração, o caminho para erradicar a doença não é combatê-la.

Aquilo a Que Você Resiste Persiste

O renomado psicólogo suíço Carl Jung disse: "Aquilo a que você resiste, persiste." Quando combatemos alguma coisa, estamos resistindo a ela.

A razão para aquilo a que resistimos persistir é que, quando resiste a alguma coisa, você *não* a quer de jeito nenhum, o que se traduz como *quer* para a lei da atração, e portanto você a está convidando. Na verdade, quanto mais *não querer* a doença que tem, mais você a aumenta. Quando resiste à doença, você dá mais sentimentos, mais energia e mais poder a ela e traz mais dela à sua vida em um ritmo furioso. Ela só pode aumentar, porque essa é a lei.

Aos 30 anos, uma mulher decidiu que tentaria se curar da epilepsia, uma doença neurológica que a afligia desde criança. Ela sabia que a forma de epilepsia de que sofria era considerada incurável pela maioria dos neurologistas. Nesses casos, os médicos tendem a receitar remédios fortes simplesmente para amortecer a mente e sedar os neurônios que disparam na hora errada, evitando assim convulsões mais fortes. Depois de passar décadas sentindo que a doença e os remédios eram donos dela, essa mulher resolveu tentar uma abordagem diferente. Se fosse bem-sucedida, lhe permitiria recuperar o foco e a agudeza mental e ficar livre de todos os sintomas neurológicos. Ela decidiu fazer tudo que podia para curar o cérebro e o sistema nervoso. Sabia que suas crises epiléticas eram provocadas pelo estresse e pela ansiedade, então a primeira coisa que fez foi simplificar sua vida. Reservou um tempo para relaxar e se concentrar em se sentir bem. Ela fez isso com hábitos de vida saudáveis, amor e demonstrações de gratidão e paciência, tanto consigo quanto com os outros. Recusou--se a alimentar qualquer pensamento negativo sobre seu sistema nervoso ou seu cérebro. Também leu sobre neuroplasticidade, uma nova ciência que revelou a capacidade do cérebro de mudar, se reconectar e se curar. Assim, com toda a fé que conseguiu reunir, ela acreditou que seus neurônios, seu cérebro e todo o seu sistema nervoso poderiam ser refeitos. Extraordinariamente, dias depois de começar a fazer isso ela sentiu que tinha um corpo todo novo. E, um ano depois, está livre de todos os sintomas neurológicos da epilepsia. Não precisa mais tomar os remédios que amortecem a mente e está mais atenta e concentrada do que nunca.

Essa mulher escolheu viver de acordo com a lei da atração. Ela não aceitou na mente o prognóstico de epilepsia nem tentou combater a doença. Em vez disso, concentrou-se em ter um cérebro saudável e, em consequência, obteve um cérebro saudável.

Sejamos todos gratos ao nosso cérebro saudável!

Você Cria Sua Vida

Você cria toda a sua vida, inclusive a saúde do seu corpo e da sua mente, por meio dos seus pensamentos e da lei da atração. Ela não funciona só se você souber dela. Ela sempre funcionou em sua vida e na vida de todo mundo no decorrer da história. Quando toma consciência dessa grande lei, você *passa a saber* que é incrivelmente poderoso, que é capaz de mudar sua vida e *pensar* numa vida nova até que ela exista.

Quer perceba, quer não, você pensa quase o tempo todo. Aquilo em que mais pensa ou mais se concentra é o que aparecerá em sua vida. Você colhe o que semeia! Seus pensamentos são sementes, e a colheita vai depender das sementes que você plantar.

Quando reclama que não tem saúde, a lei da atração, poderosamente, trará mais situações de falta de saúde para você reclamar. Quando escuta outra pessoa reclamar de uma doença e se concentra nisso, sente empatia pela pessoa, concorda com ela, nesse momento você atrai a doença para si.

O pensamento em que você se concentra vai se materializar e tomar forma. A lei da atração simplesmente reflete e devolve a você exatamente aquilo em que se concentram seus pensamentos. "Concentrar-se na saúde perfeita" é algo que todos podemos fazer dentro de nós, apesar do que estiver acontecendo fora.

Com esse conhecimento poderoso, você pode mudar completamente todas as circunstâncias ligadas à saúde se mudar seu jeito de pensar.

Sua saúde está em suas mãos. Não importa em que situação esteja agora, não importa o que aconteceu em sua vida, você pode começar a escolher *conscientemente* seus pensamentos e mudar sua vida. Não existe situação sem esperança, assim como não existe doença incurável; em algum momento, toda doença dita incurável foi curada. Na minha mente e no mundo que crio, "incurável" não existe. Há muito espaço para você neste mundo, portanto venha comigo e com todos que estão aqui. É o mundo onde "milagres" acontecem no dia a dia. É um mundo que transborda de boa saúde e bem-estar, onde *todas* as coisas boas existem agora, dentro de você. Parece um paraíso, não é? E é.

LIÇÃO 2
A Saúde e o Inconsciente

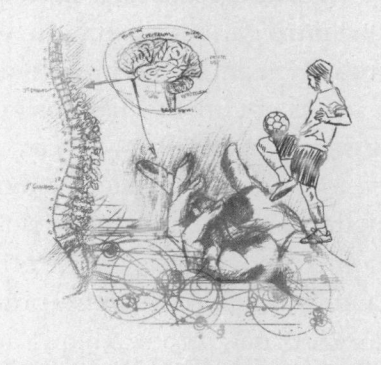

Já se disse que "as forças naturais dentro de nós são a verdadeira cura das doenças".

Se não houvesse poder de cura dentro de nós, nada poderia ser curado.

Tradições espirituais antigas nos dizem que a saúde do corpo é inteiramente governada pelo inconsciente. Ou seja, todas as funções do corpo, do sistema respiratório ao digestório, do sistema nervoso central ao sistema imunológico, estão sob os olhos vigilantes do inconsciente. Você não pensa para respirar, digerir nem bombear sangue... essas funções acontecem automaticamente, reguladas por seu inconsciente. Do mesmo modo, se cortar o dedo você não precisa se perguntar como estancar o sangramento. Seu inconsciente entra em ação e ordena que o corpo faça o que foi projetado para fazer. Ele se cura. Funciona em todos os sistemas, em todos os níveis, em todo o seu corpo; seja qual for a ordem do inconsciente, seu corpo cumpre. É um reflexo perfeito do funcionamento da lei da atração. Assim como no mundo externo, onde seus pensamentos atraem as pessoas, as circunstâncias e os eventos para lhe entregar aquilo em que você estiver pensando, o mesmo acontece no mundo interno. O inconsciente atrai as circunstâncias e os eventos que ditam a saúde do seu corpo.

Para perceber e apreciar plenamente o poder do inconsciente sobre o seu corpo, você precisa conhecer o mundo incrível que há dentro de si, porque tudo ali está sob seu comando!

Seu Corpo Incrível

Todas as células do corpo têm um papel a cumprir e trabalham juntas pelo único propósito de lhe dar vida. Algumas células são líderes de regiões ou órgãos específicos e comandam e dirigem todas as células trabalhadoras dessa região, como o coração, o cérebro, o fígado, os rins ou o pulmão. No entanto, essas células líderes trabalham numa hierarquia e se reportam diretamente ao seu superior, o inconsciente. As células líderes de qualquer órgão comandam e dirigem todas as outras células que trabalham naquele órgão e garantem a ordem e a harmonia para o órgão trabalhar com perfeição. As células-patrulha viajam pelos quase 100 mil quilômetros de vasos sanguíneos do corpo para manter a ordem e a paz. Quando há uma perturbação, como um arranhão na pele, a patrulha dá imediatamente o alerta, e o inconsciente ordena que a equipe de reparos adequada corra para a área. No caso do arranhão, por exemplo, a primeira a chegar ao local é a equipe de coagulação, que trabalha para impedir uma hemorragia. Quando seu trabalho termina, as equipes de pele e tecido chegam para consertar a área, remendar os tecidos e fechar a pele.

Se um intruso invade o corpo, como uma bactéria ou um vírus, o inconsciente imediatamente tira as impressões digitais dele. Essas impressões são comparadas aos registros para ver se são iguais às de intrusos anteriores. Caso sejam, o inconsciente avisa imediatamente a equipe de ataque responsável por destruir o intruso. Se não forem, o inconsciente abre um novo arquivo a respeito do intruso e *todas* as equipes de ataque são convocadas para destruí-lo. A equipe que tiver sucesso na destruição é registrada pelo inconsciente. Se esse intruso voltar, o inconsciente já sabe quem pode cuidar dele e exatamente como resolver o problema.

Se, por alguma razão, uma célula do corpo começar a mudar de comportamento e parar de trabalhar para o bem do organismo, as células-patrulha avisam o inconsciente, que então ordena que a equipe de resgate corra até lá para consertar ou eliminar a célula. Se a célula precisar de uma substância específica para ser consertada, essa substância pode ser encontrada na sua farmácia natural. Você tem uma farmácia completa funcionando aí dentro que produz todas as substâncias curativas que uma empresa farmacêutica pode fabricar.

Todas as células têm que trabalhar em equipe, 24 horas por dia, sete dias por semana, durante toda a vida. O único propósito delas é manter a vida e a saúde do seu corpo. Você tem cerca de 100 trilhões de células trabalhando sem parar para lhe dar vida! Todo esse exército de células está sob seu comando por meio do inconsciente.

O modo como você comanda *conscientemente* seu inconsciente e as células do seu corpo exige um pouco mais de entendimento a respeito do funcionamento do inconsciente. O inconsciente é como um computador; tem muitos programas diferentes instalados. Você os instala com suas crenças e seus pensamentos, ou quando escuta e aceita as crenças e os pensamentos dos outros. E faz isso durante sua vida inteira. Todos os programas do seu inconsciente foram postos lá por você, e, com a formação de novas crenças e novos pensamentos, você pode criar um programa novo e superar o antigo.

Para saber que programas relativos à saúde você pôs no seu inconsciente, é preciso considerar as crenças e os pensamentos *conscientes* que tem a respeito do seu corpo e da sua saúde, porque aquilo em que você acredita seu inconsciente acredita também.

Verifique Suas Crenças

Talvez você tenha passado a acreditar em algo como "Eu pego resfriados facilmente", "Tenho o estômago sensível", "Acho difícil emagrecer", "Sou alérgico a isso" ou "É de família". Tudo isso são crenças, não fatos, e crenças que não lhe servem. Aquilo que você sente e acredita que é verdade *será* verdade para você, quer essas crenças o ajudem ou o prejudiquem.

É claro que é imperativo que você comece a pensar em coisas que sirvam à sua saúde em vez de coisas que a prejudiquem. Quanto mais fizer isso, mais cedo esses pensamentos positivos formarão suas novas crenças a respeito da saúde. Todas as crenças são pensamentos simples repetidos e anexados a sentimentos fortes.

Aquilo em que você acredita sobre seu corpo em nível consciente, seu inconsciente também acredita, porque lhe falta a faculdade da razão. Em consequência, seu inconsciente transforma todas as suas crenças e os seus pensamentos *conscientes* em ordem direta para as células. O inconsciente não questiona nada em que você acredita. Na verdade, ele recebeu todos os pensamentos e todas as crenças que você já teve.

O modo como o inconsciente funciona e o modo como suas células respondem a cada crença ou pensamento seu é simplesmente a lei da atração atuando dentro do seu corpo. Se você pensar ou disser "Sempre fico com jet lag quando viajo", seu inconsciente manda "jet lag" como ordem para as células, e elas têm de executar as instruções e produzir os sintomas de "jet lag". Acredite que tem um problema de peso e seu inconsciente ordena às células do corpo que reajam com um problema de peso. O inconsciente tem de seguir suas instruções e manter seu corpo em sobrepeso até você mudar de crença. Tenha medo de pegar uma doença e as células recebem do inconsciente a mensagem de doença e imediatamente se ocupam em criar os sintomas dessa doença. É claro que o oposto também é verdadeiro. Quando acredita que pode restaurar a saúde do corpo, seu inconsciente também acredita e, em consequência, ordena que suas células trabalhem para restaurar a saúde.

Uma mulher muito próxima de mim e muito querida sofria com várias alergias quase a vida toda. A pior delas era uma reação ao calor, que começava com uma sensação de coceira nas mãos que depois se espalhava para os pés e outras parte do corpo. Ela começou a acreditar que era um tipo de eczema, mas uma amiga sugeriu que podia ser algo mais grave e que ela devia ir ao médico. Depois de muitos exames, o médico lhe informou que ela sofria de uma doença autoimune do fígado sem cura conhecida. Basicamente, seu sistema imunológico atacava células e tecidos perfeitamente saudáveis acreditando que estavam doentes. Isso provocava o acúmulo de toxinas no fígado, situação que podia acabar causando insuficiência hepática e a necessidade de um transplante.

Por conhecer bem a lei da atração, ela sabia que suas crenças e seus pensamentos eram a principal causa de tudo ligado à saúde e que seu sistema imunológico simplesmente agia com base nas crenças do seu inconsciente. Para restaurar a saúde, ela precisava mudar suas crenças conscientes e inconscientes no nível celular. No entanto, seu medo era não conseguir acreditar que era saudável; isso não lhe parecia digno de crédito. Em vez disso, ela sentiu que teria de dar ao corpo e ao inconsciente algo em que pudessem genuinamente acreditar, e que levaria à saúde.

Ela decidiu mudar drasticamente sua alimentação. Cortou todos os alimentos processados e começou uma dieta intensiva com frutas e legumes frescos e orgânicos. Complementou isso com um regime nutricional multivitamínico. Seu médico ficou um pouco cético e lhe explicou que não havia conexão conhecida entre a alimentação e as vitaminas e aquela doença específica. Na verdade, ele iria colocá-la na lista de transplante de órgãos em poucos meses. Mas ela continuou seu plano e manteve a dieta e os multivitamínicos.

No check-up seguinte, algumas semanas depois, o exame de sangue da função hepática mostrou uma melhora drástica. Os exames subsequentes dos próximos meses seguiram essa tendência extraordinária. O especialista se espantava constantemente com aquela virada e, como disse a ela, "Continue o que você está fazendo!".

É claro que o que ela fez foi mudar suas crenças; a dieta de sucos agiu como um placebo para lhe dar algo em que basear as novas crenças. Ao mudar seus pensamentos e suas crenças, ela conseguiu assumir o comando do inconsciente e do sistema imunológico para superar uma doença "incurável" e criar saúde no corpo.

Sejamos gratos ao nosso fígado perfeitamente saudável!

O Efeito Placebo

Talvez você já tenha ouvido falar do efeito placebo na medicina, um exemplo perfeito do poder do inconsciente na cura. Sempre que querem provar a eficácia de um medicamento novo, as empresas farmacêuticas recrutam voluntários e os dividem em dois grupos. Um grupo recebe o tratamento ou os comprimidos reais. O outro recebe placebo – um comprimido de açúcar ou tratamento falso. Nenhum dos dois grupos sabe qual está recebendo o medicamento real. Para grande frustração da empresa, é comum que o grupo que recebe placebo tenha uma melhora significativa e os sintomas tenham diminuído ou desaparecido. Quando os pacientes *pensam* e realmente *acreditam* que o comprimido de açúcar é um tratamento, seu inconsciente ordena que as células do corpo curem todos os sintomas da doença.

O resultado espantoso do efeito placebo demonstra regularmente o poder das crenças no corpo.

Suas células são seus súditos mais leais, que servem sem questionar, e o que você pensa, aquilo em que acredita, se torna a lei do seu corpo. Quando você acredita e pensa que o envelhecimento, a deterioração ou a doença são inevitáveis, eles terão que acontecer.

Por outro lado, se quiser se sentir tão bem quanto se sentia quando criança, dê às suas células estas ordens: "Eu me sinto incrível hoje", "Tenho muita energia", "Tenho visão perfeita", "Posso comer o que quiser e manter meu peso ideal", "Durmo como um bebê toda noite", "Eu me sinto tão bem quanto na infância". Sim, você pode escolher *se sentir* jovem e parar de sentir os efeitos da idade. Sentir os efeitos da idade é só uma crença que lhe transmitiram e um programa que você repassou ao seu corpo. Você pode mudar a ordem que dá sempre que quiser, mudando aquilo em que acredita!

Um Corpo Novo em Folha

Se precisar ficar mais convencido de que as crenças no envelhecimento estão todas em nossa cabeça, considere que, segundo a ciência, temos um corpo novo em folha em um tempo muito curto. Criamos milhões de células novas a cada segundo e descartamos as velhas. Partes do corpo são substituídas todo dia, outras demoram alguns meses, outras ainda alguns anos. Mas, se nosso corpo inteiro é substituído em poucos anos, como a ciência comprovou, como a idade e a degeneração podem ocorrer? Só pelo pensamento, pela observação do envelhecimento e pela atenção dada a ele. Libere da sua consciência o mais que puder esses pensamentos envelhecidos e saiba que seu corpo só tem meses de idade, não importa quantos aniversários você já marcou na mente.

Quero lhe contar como superei as crenças negativas sobre o envelhecimento e usei O Segredo para curar minha visão.

Eu usava óculos de leitura havia uns três anos quando descobri O Segredo. Certa noite, enquanto traçava o conhecimento do Segredo através dos séculos, me vi estendendo a mão para pegar meus óculos. E parei de repente. A percepção me atingiu como um raio.

Eu havia acreditado que a visão diminui com a idade. Sempre vira as pessoas mais velhas usarem óculos para conseguir ler. Dediquei meu pensamento à diminuição da visão com a idade, e atraí essa realidade para mim. Não fiz de propósito, mas fiz. Eu sabia que tinha feito isso acontecer com meus pensamentos, e imediatamente me imaginei enxergando com tanta clareza quanto na época em que tinha 21 anos. Eu me imaginei em restaurantes escuros, em aviões e diante do computador, lendo sem esforço. E disse várias vezes: "Estou enxergando com clareza, estou enxergando com clareza." Fiquei grata e empolgada por ter a vista clara. Em três dias, minha visão foi restaurada, e hoje não uso óculos de leitura. *Consigo ver com clareza.*

Não percebi os três dias que demorou para isso acontecer porque eu *sabia* que estava feito no momento em que fiz essa declaração. Se tivesse percebido os três dias, teria notado que ainda não acontecera. Acreditei totalmente e *soube* que estava feito. Tive fé absoluta. Posso com a mesma facilidade dizer que levei três dias para perceber que meus olhos viam com clareza ou que levei três dias para me ajustar à visão clara dos meus olhos. Seria verdade, porque, no momento em que escolhi, eu soube que isso me fora concedido, e não tive absolutamente nenhuma dúvida. A partir desse estado de saber, minha visão ficou clara em três dias.

Quando contei o que tinha feito ao dr. Ben Johnson, um dos professores de *O Segredo*, ele me disse: "Você percebe o que teve de acontecer com seus olhos para você conseguir isso em três dias?" Respondi: "Não, e ainda bem que não percebi, assim esse pensamento não entrou na minha cabeça! Eu só sabia que conseguiria, e que conseguiria depressa." Às vezes, menos informação é melhor! A restauração da minha visão não parecia nem um pouco complicada para mim. Na verdade, eu esperava que ela voltasse da noite para o dia, então três dias não foi nenhum milagre.

Quando usa o inconsciente para instilar novas crenças, você tem o poder de criar saúde e felicidade em um nível muito além do que já viveu. Você pode e deve estar cheio de alegria e vitalidade, com um incrível prazer de viver. Estou lhe dizendo isso para que você comece a romper as fronteiras da sua imaginação e pare de pôr limites à sua saúde, sua felicidade e sua vida.

LIÇÃO 3

Sentir-se Bem: O Caminho Rápido para a Boa Saúde

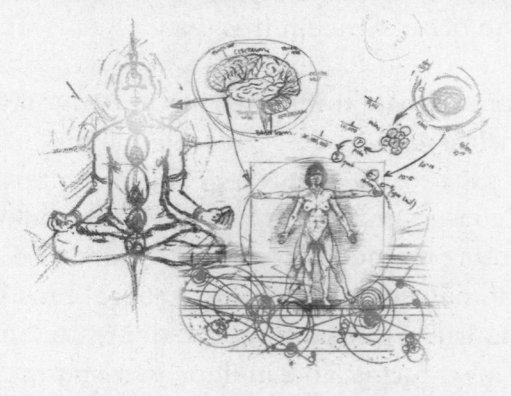

Nada virá à sua experiência se você não atrair o que deseja com pensamentos conscientes. São seus pensamentos dominantes e persistentes que engajam a lei da atração, de modo que, literalmente, você faz sua vida existir quando pensa.

Sua vida é um reflexo do que você guarda dentro de si, e o que você guarda dentro de si está sempre sob seu controle. Não há força externa que possa afetar sua vida, nem mesmo sua saúde, a não ser que você dê poder a ela com suas crenças e seus pensamentos. O maior poder está dentro de você – no que você pensa e acredita.

Com isso em mente, você tem uma escolha agora. Quer acreditar que sua saúde é uma loteria e que coisas ruins podem lhe acontecer a qualquer momento? Quer acreditar que não tem nenhum controle sobre as circunstâncias ou sobre o que acontece com seu corpo? Que sua saúde é uma simples questão de sorte?

Ou quer acreditar e *saber* que sua saúde e seu bem-estar estão em suas mãos e que só a *boa saúde* pode chegar à sua vida porque é assim que você pensa e é nisso que acredita? Você tem escolha, e o que escolhe pensar e acreditar *vai se tornar* sua experiência de vida.

Ninguém atrairia deliberadamente enfermidade, doenças crônicas ou lesões graves para si mesmo, mas, sem o conhecimento do Segredo, é fácil ver que algumas doenças indesejadas podem ter ocorrido em sua vida ou na vida dos outros. Elas vieram simplesmente pela falta de consciência do grande poder de seus pensamentos e de seu inconsciente. E, como agora você sabe, aquilo em que acredita a respeito da sua saúde é o que o inconsciente fará acontecer, porque o inconsciente governa cada aspecto do seu corpo e da sua saúde.

São seus pensamentos que determinam em que seu inconsciente acredita, e assim fica claro: seus pensamentos são a principal causa de *tudo*.

Dessa forma, faz sentido que você queira controlar o que pensa sobre sua saúde.

Mas, com cerca de 60 mil pensamentos por dia, como é possível controlar cada um que surge na sua cabeça?

Você não consegue, por mais que tente.

No entanto, o bom é que na verdade são os pensamentos *dominantes* que criam novas crenças no inconsciente. São os pensamentos *dominantes* que atraem as pessoas, as circunstâncias e os eventos para sua vida; e são seus pensamentos *dominantes* que literalmente fazem sua vida existir.

Seus pensamentos dominantes são aqueles a que você dá mais atenção, aqueles que provocam sentimentos mais fortes. Se você tiver um pensamento e não houver sentimento anexado a ele, ele não terá o poder necessário para atrair nada. Entenda: seus sentimentos dão poder a todos os seus pensamentos e palavras.

Se, a qualquer momento, você quiser saber se teve pensamentos bons ou ruins, basta verificar como está se sentindo. O que você sente lhe dirá exatamente o que andou pensando. Quando se sente bem, você teve bons pensamentos. Quando se sente mal, você andou tendo pensamentos negativos ou ruins. É impossível se sentir mal e, ao mesmo tempo, ter bons pensamentos. Isso contraria a lei da atração, porque seus pensamentos causam seus sentimentos. Se estiver se sentindo mal, é porque você tem pensamentos que fazem você se sentir mal. Do mesmo modo, é impossível se sentir bem e, ao mesmo tempo, ter pensamentos negativos. Se estiver se sentindo bem, é porque tem bons pensamentos. Veja, você pode ter o que quiser na vida, sem limites. Mas há uma pegadinha: você tem que se sentir bem.

E o que você logo vai descobrir é: quanto melhor se sentir, melhor fica a vida.

Quanto pior se sentir, pior fica a vida – até que você mude o modo como se sente.

Seus pensamentos continuam a ser a principal fonte de tudo, mas são seus sentimentos que dão poder a esses pensamentos.

Para Melhorar as Coisas, Mude como se Sente

Se quiser que sua saúde melhore, você tem que começar a ter bons pensamentos e *se sentir* bem – agora.

E o que você está sentindo agora? Reserve alguns momentos para pensar em como se sente.

Se estiver se sentindo bem, que ótimo! Continue fazendo isso e tenha a certeza de que seus pensamentos são bons e que você está atraindo todas as coisas boas – inclusive boa saúde.

Se não estiver se sentindo muito bem, então precisa mudar o que está pensando até que *se sinta* bem. Sua saúde depende disso.

É claro que pode ser bem difícil para alguém mudar de repente o modo como se sente, em especial se não estiver bem fisicamente, com alguma dor, ou se acabou de receber um diagnóstico preocupante. É quase impossível pular da dor ou do desespero para a felicidade, como se apertasse um interruptor. Mas o que você pode fazer é mudar *aos poucos* seus sentimentos mudando o modo como pensa. Afaste a mente e a atenção do que faz você se sentir mal. Abandone qualquer pensamento sobre doenças ou mal-estar e se concentre em coisas que realmente fazem você se sentir bem, coisas que podem mudar seus sentimentos num instante. Podem ser belas lembranças, eventos futuros, momentos engraçados, a natureza, uma pessoa que você ama, sua música favorita. Coisas diferentes afetarão você em momentos diferentes, e se uma não funcionar, procure outra. Só leva um ou dois minutos para focar em algo bom e começar a mudar o modo como se sente.

> *Uma moça tinha acabado de romper com o namorado e estava desempregada, longe da família, numa cidade distante, na fase mais difícil da sua vida, quando recebeu o diagnóstico de tuberculose. O médico lhe deu um prognóstico sombrio e insinuou que ela tinha poucas chances de recuperação total. Ela se sentiu completamente arrasada e*

*sem esperança. Mas algo dentro dela se recusou
a ceder à doença ou a desistir da vida. Apesar
das circunstâncias, ela se comprometeu a fazer
todas as pequenas coisas que a faziam se sentir
bem: conversar com amigos, escutar sua música
favorita, andar pela natureza e assistir ao pôr do sol.
Qualquer coisa que a deixasse feliz. Ela se tornou
cada vez mais otimista a cada dia que passava. Na
consulta seguinte, o médico ficou chocado com sua
recuperação. Lágrimas de felicidade correram quando
ela percebeu que superara a tuberculose
simplesmente sentindo-se bem.*

*O que essa mulher fez foi se elevar até a frequência
de se sentir bem, onde residem todos os eventos e
circunstâncias que envolvem a boa saúde. Bons
pensamentos, bons sentimentos, bem-estar.*

*Vamos todos nos sentir bem com o ar fresco e nosso
pulmão saudável!*

Quando tem bons sentimentos ou quando sente amor por alguma coisa – por um dia de sol, por sua casa, por um amigo, por seu cachorro –, seu corpo recebe toda a força da saúde natural numa taxa espantosa. Quando se sente mal a respeito de si ou de qualquer outra coisa, a tensão faz seus nervos e suas células se contraírem; a produção química vital do corpo muda, seus vasos sanguíneos se contraem e sua respiração fica rasa – e tudo isso reduz a força da saúde em seus órgãos e no seu corpo inteiro. Não importa que você se sinta mal por algo que não tenha nada a ver com sua saúde; quando se sente mal, você reduz a força da saúde natural no seu corpo.

Rir É o Melhor Remédio

Você já deve ter ouvido o ditado popular de que rir é o melhor remédio.

Bom, com certeza um dos melhores e mais rápidos jeitos de aliviar a tensão e dissolver a doença no corpo é pelo poder do riso e da alegria.

> *Uma pessoa que decidiu incluir o riso como parte de sua cura foi um homem chamado Norman Cousins. Ele foi diagnosticado com uma doença "incurável". Os médicos lhe disseram que só tinha alguns meses de vida. Mas Norman decidiu se curar. Durante três meses, só fez assistir a filmes de comédia e rir o máximo que podia. Nesse período, a doença deixou seu corpo e os médicos anunciaram que sua recuperação era um milagre. Enquanto ria, Norman deixou sair toda a negatividade e toda a doença.*

O riso faz a negatividade ir embora e provoca curas milagrosas. Rir é mesmo o melhor remédio.

Por outro lado, como disse o escritor Prentice Mulford, do século XIX: "Lembremo-nos, até onde pudermos, que todo pensamento desagradável é uma coisa ruim posta literalmente dentro do corpo."

A ciência demonstrou que estresse e pensamentos negativos podem degradar gravemente o funcionamento do corpo e do cérebro. Por outro lado, pensamentos mais felizes removem o estresse fisiológico do corpo, o que lhe permite fazer exatamente o que foi projetado para fazer: curar-se.

Comece a ter pensamentos felizes e a *ser* feliz. Seu dedo está no botão *"ser* feliz". Aperte-o agora e mantenha-o apertado com firmeza, não importa o que aconteça em volta.

Se, daqui para a frente, tomar a decisão de dar a maior parte de sua atenção a pensamentos felizes, você começará a purificar seu corpo. Esses pensamentos felizes suprirão seu corpo com o maior promotor de saúde que você poderia lhe dar.

Há desculpas intermináveis para não ser feliz. Mas, se adiar a felicidade dizendo "Serei feliz quando...", além de atrasar a felicidade pelo resto da vida, você também vai diminuir a saúde do seu corpo. A felicidade é o elixir milagroso do seu corpo, portanto seja feliz agora, sem desculpas!

> *Uma jovem mãe me escreveu para contar sua jornada com o câncer na idade precoce de 27 anos. O prognóstico era ruim, e seu foco era a mera sobrevivência. Então, numa consulta com o oncologista, ela encontrou um amigo de seus avós que lhe deu o conselho mais inestimável que poderia receber naquela situação. Ele a aconselhou a só*

permitir felicidade em sua vida, rir o máximo que pudesse e se distanciar de todas as pessoas e situações negativas. A partir daquele momento, ela só recebeu pessoas e emoções felizes e só assistiu a filmes felizes. Dessa maneira, assegurou que cada passo que desse fosse um passo feliz na direção certa, e que cada dia fosse melhor que o dia anterior.

Seis meses depois, lhe disseram que o tratamento fora bem-sucedido e que o tumor tinha desaparecido completamente. Ela atribui isso a duas coisas: ao conselho de seu anjo da guarda na sala de espera do oncologista e à sua capacidade de usar o amor para recuperar a saúde com felicidade e bem-estar.

Vamos todos reservar um momento para nos sentir bem!

A cada momento que se sente bem, você elimina ativamente toda a negatividade do corpo. Se achar difícil se sentir bem com sua saúde, sinta-se bem com alguma outra coisa. Assim, cerque-se de tudo o que ama e use essas coisas para se sentir o melhor que conseguir. Use o que for possível do mundo externo para se sentir bem. Assista a filmes que o façam rir e se sentir bem, e não a filmes que o deixem tenso ou triste. Escute música que faça você se sentir bem. Peça às pessoas que lhe contem piadas ou histórias engraçadas sobre seus momentos mais embaraçosos. Você sabe do que gosta. Você sabe quais são suas coisas favoritas. Você sabe o que o deixa feliz, portanto aproveite tudo isso e sinta-se o melhor que puder.

Também é importantíssimo se sentir bem quando estiver fazendo qualquer tipo de exame médico. Seja um exame de vista ou de pressão, o check-up anual ou qualquer exame ligado à saúde, é importante que você se sinta bem durante a consulta. Do mesmo modo, sinta-se muito bem ao receber o resultado, para receber o melhor resultado. Pela lei da atração, o resultado de qualquer exame tem que combinar com sua frequência; assim, para obter o bom resultado que deseja, você tem que estar na mesma frequência para recebê-lo!

> *Uma jovem mulher usou o poder do riso quando descobriu uma pinta de aparência estranha na perna. Depois de consultar o dermatologista, foi combinado que o sinal seria removido e enviado para biópsia. Então, veio a estressante semana de espera pelo resultado. Nesse período, a mulher fez todo o esforço possível para resistir a qualquer pensamento e sentimento negativo a respeito de sua saúde. O mais importante foi que ela imaginou o que aconteceria quando o hospital ligasse com o resultado. Ela encenou toda a conversa na mente, com detalhes, e sentiu alegria e alívio com a boa notícia que estava recebendo. Ela se esforçou para entrar na frequência da alegria e do alívio o máximo que pôde até que o telefonema acontecesse. No sétimo dia, o hospital ligou com o resultado da biópsia: a saliência era benigna, exatamente o resultado que ela esperava.*
>
> *Sejamos todos gratos agora pela nossa pele linda e saudável!*

O resultado de cada situação da sua vida sempre vai combinar com sua frequência, porque é assim que a lei da atração funciona! Para entrar numa frequência de bons sentimentos a respeito de um exame, imagine o resultado que você quer e sinta que já o recebeu. Continue com essa prática até se sentir bem quando pensar no exame. Todos os resultados possíveis podem acontecer, mas você precisa estar na frequência dos bons sentimentos para receber bons resultados.

Seu Peso Perfeito

Por lei, os mesmos princípios funcionam em qualquer mudança que você queira no seu corpo, inclusive em seu peso. Se, por exemplo, quiser emagrecer, primeiro se sinta bem, tenha o sentimento de seu peso ideal e você convocará esse peso. Não se concentre em "emagrecer". Concentre-se no seu peso saudável. Muita gente que faz dieta perde peso e depois o recupera, porque o foco estava no emagrecimento. Se você se concentrar em emagrecer, atrairá de volta as circunstâncias de precisar emagrecer. Em vez disso, concentre-se no seu peso perfeito para o seu biotipo. Aquilo em que está seu foco mais forte é o que você vai atrair. É assim que a lei funciona.

A coisa mais importante, mais do que tudo, é estar alegre e ser feliz *agora*, independentemente do seu peso. Se conseguir ficar alegre agora, a ponto de se sentir tão bem que seu peso não seja relevante, seu corpo irá mudar. Mas antes você precisa se sentir bem. Você tem de se sentir bem consigo mesmo. Isso é importantíssimo, porque você não consegue atrair um peso saudável quando se sente mal com seu corpo. Sentir-se mal com seu corpo é um sentimento poderoso, e você continuará a atrair esse sentimento. Nunca mudará seu corpo se o criticar e encontrar defeitos nele. Elogie e abençoe cada parte do seu corpo. Pense em todas as coisas perfeitas em você. Quando tem pensamentos perfeitos, quando se sente bem consigo mesmo, entra na frequência do peso perfeito e convoca a perfeição.

Uma adolescente se sentia mal com seu corpo desde bem pequena. Sempre fora alta demais para sua idade, e em geral voltava para casa e chorava com os pais porque não era igual às outras meninas. Quando cresceu, a imagem ruim que fazia de si a levou a engordar, e isso a fez se sentir culpada sempre que comia. Ela tentou emagrecer e, embora fosse muito diligente nas dietas e nos exercícios, nunca obtinha o resultado que buscava.

Tudo deu uma virada quando ela aprendeu a amar a si mesma. Na verdade, passou a adorar o próprio corpo, começou a amar a comida e finalmente atingiu seu peso ideal. Ficou grata pela altura e apaixonada por seu corpo. Ela passou a ver que era perfeita.

Vamos agradecer por nosso corpo e nosso peso perfeitos!

Você realmente pode *pensar e sentir* para ter a saúde perfeita, o corpo perfeito e o peso perfeito. Você pode fazê-los existir com pensamentos positivos e sentindo-se bem consigo mesmo. A boa saúde é seu direito de nascença! Você é seu criador, e a lei da atração é a ferramenta magnífica para criar sua versão perfeita.

LIÇÃO 4

O Processo Criativo da Saúde

Seja trazer algo que você quer, como um corpo mais forte e saudável, seja mudar algo que não quer, como uma doença ou uma enfermidade, o processo criativo é um jeito fácil de gerar o que quiser para sua saúde em três passos simples.

Peça. Acredite. Receba.

Primeiro Passo: PEÇA

Pergunte-se: o que você realmente quer?

Lembra a história do gênio que sai da lâmpada para realizar todos os desejos de Aladim? Pois você tem seu próprio gênio, que se chama lei da atração. Ela escuta cada pensamento seu, cada anseio seu, cada desejo seu. E faz todos os seus sonhos se realizarem. Você só precisa pedir.

Quando se trata da saúde, como todas as outras coisas, você tem que escolher o que quer, mas precisa ser claro. Esse é seu trabalho. Se não for claro, a lei da atração não poderá trazer o que você quer. Você enviará uma frequência confusa e só atrairá resultados confusos. Talvez pela primeira vez na vida, descubra o que realmente quer para sua saúde e seu corpo, sem limitações.

Quer curar uma doença? Quer atingir o peso ideal? Quer curar uma lesão? Quer parecer mais jovem?

Agora que sabe que pode ter, ser e fazer qualquer coisa e que não há limites, o que você *realmente* quer?

> *Um bombeiro foi gravemente ferido em serviço: fraturou a tíbia e quebrou no meio um osso do tornozelo. Acordou da cirurgia de emergência com enxertos ósseos e hastes na perna para manter o tornozelo no lugar. Por causa da lesão nos nervos, ele não sentia o pé.*
>
> *O cirurgião lhe informou que, por causa da gravidade dos ferimentos, ele ainda tinha 90% de chance de sofrer danos permanentes no tornozelo e de perder totalmente a mobilidade. Mas esse bombeiro estava decidido a vencer as probabilidades. Durante toda a difícil recuperação, ele*

se manteve positivo e escrevia em seu diário exatamente o que queria. Queria se curar, andar e correr de novo e queria ser um pai ativo para os filhos pequenos. Foi preciso um ano inteiro de reabilitação, em que ele literalmente reaprendeu a andar. O médico ficou impressionado com a recuperação desse homem. Desde o começo, ele desejou ficar curado e foi exatamente o que conseguiu.

Sejamos gratos por nossos ossos fortes e saudáveis!

Muita gente só pensa em pedir mais saúde quando não a tem, mas você pode pedir isso a qualquer momento. Use o poder da sua intenção todos os dias e peça para ficar bem e totalmente saudável.

Segundo Passo: ACREDITE

Você precisa acreditar que recebeu a boa saúde que está pedindo. Precisa saber que o corpo saudável, o peso perfeito ou a aparência mais jovem são seus no momento em que pedir. Precisa ter fé completa e absoluta.

Lembre-se de que, quando acredita em algo no nível consciente, essa crença passa direto para o inconsciente, que regula e comanda todos os aspectos da saúde e os 100 trilhões de células do seu corpo.

No momento em que pede e, então, *acredita* que já tem saúde perfeita, todas as células do seu corpo e, na verdade, o Universo inteiro se mexem para fazê-la existir.

Você tem que agir, falar e pensar como se recebesse a saúde perfeita *agora*. Por quê? Porque para a lei da atração o tempo não existe. Não há passado nem futuro. A lei da atração só opera neste momento, agora. Assim, se quiser saúde perfeita, veja-se com saúde perfeita neste momento. Se seus pensamentos contêm a percepção de que ainda não a tem, você continuará a atrair isso. É preciso acreditar que você já a tem. É preciso acreditar que a recebeu. Você tem que acreditar ter recebido a saúde perfeita agora para materializá-la em sua vida. Você tem que acreditar nisso tão profundamente que seu inconsciente aceite como verdade. Quando fizer isso, a lei da atração mudará poderosamente todas as circunstâncias, pessoas e eventos para que você a receba.

Muita gente tem mais crenças assustadoras na doença do que crenças boas na saúde. Isso não surpreende, basta ver a atenção que se dá às doenças no mundo, e você está cercado disso todos os dias. Apesar de todos os avanços da medicina, a doença está crescendo, em parte porque as pessoas se concentraram cada vez mais no medo da doença.

Você acredita na inevitabilidade da doença mais do que na saúde vitalícia? Se acredita que seu corpo vai se deteriorar com a idade e que a doença é inevitável, seu inconsciente também acredita nisso, e a lei da atração refletirá isso de volta nas circunstâncias e na saúde do seu corpo.

Se você desenvolveu crenças negativas na saúde, volte à mesa de negociação. Nunca é tarde demais para mudar de ideia, o que é essencial se você quiser mudar sua saúde. Ser saudável significa ter um corpo saudável *e* uma mente saudável. Não se pode ser feliz ou saudável quando a mente está cheia de crenças e pensamentos negativos. Se conseguir manter sua mente saudável, você manterá seu corpo saudável. Uma maneira de ficar com a mente saudável é simplesmente escolher não acreditar em pensamentos negativos. Quando não damos nenhuma atenção aos pensamentos negativos, eles ficam sem energia e se dissolvem imediatamente. Em vez deles, podemos escolher alimentar o corpo com pensamentos positivos sobre a saúde, o que, ao mesmo tempo, impede que os pensamentos negativos existam.

Como acreditar que a saúde perfeita é sua? Comece fazendo de conta. Seja como uma criança e faça de conta. Brinque, finja e crie jogos que encham seu inconsciente com a sensação da boa saúde e do bem-estar. Só pense em boa saúde. Só fale em boa saúde. Aja como se já tivesse seu estado de saúde ideal. Ao fazer de conta, você começará a *acreditar* que já o recebeu. A lei da atração reage aos seus pensamentos dominantes o tempo todo, não só no momento em que você pede. É por isso que, depois de pedir, é preciso continuar a *acreditar* e a *saber*. Sua crença de que tem alguma coisa, essa fé imorredoura, é seu maior poder. Quando acreditar que está recebendo, prepare-se e observe a magia começar!

> *Uma mulher usou o faz de conta para superar uma dor crônica. Durante meses, ela sofreu de uma doença degenerativa dos discos que causava uma forte dor na coluna torácica e nas costelas. Sobrevivia à base de analgésicos e passava boa parte do tempo deitada,*

incapaz de se mexer, mas também incapaz de dormir por causa da dor. Sem auxílio disponível da medicina moderna, ela decidiu assumir o controle de sua própria cura. Imaginou as células de cura como um exército de bichinhos chamados "besouros da alegria", que patrulhavam sua corrente sanguínea até encontrar o inimigo, a dor e a inflamação. Então, "abraçavam" as células doentes até cederem. Na primeira noite em que imaginou esse roteiro, dormiu profundamente. Acordou, levantou-se e percebeu que não sentia dor pela primeira vez havia meses. Conseguiu passar o dia todo sem analgésicos. E esse foi apenas o primeiro de muitos dias sem dor que viriam, agora que ela acreditava de verdade na sua capacidade de se curar.

Sejamos gratos pela capacidade milagrosa do corpo de se curar!

Como o Universo lhe trará saúde perfeita não lhe diz respeito. Quando tenta descobrir *como* acontecerá, você emite uma frequência que contém a falta de crença – de que você não acredita que já a tem. Você pensa que *você* tem de conseguir e não acredita que o Universo fará isso *por* você. Mas o *como* não lhe diz respeito no Processo Criativo. Permita que o Universo cuide disso.

Terceiro Passo: RECEBA

Peça uma vez, acredite que recebeu e tudo o que precisa fazer para receber é se sentir bem. Quando se sente bem, você está na frequência de receber. Está na frequência de todas as coisas boas que lhe vêm e receberá o que pediu. Você só pediria alguma coisa se fosse para se sentir bem ao receber, não é? Então ponha-se na frequência de se sentir bem e receberá.

Um jeito rápido de entrar nessa frequência é dizer "Estou recebendo agora. Estou recebendo todo o bem em minha vida agora. Estou recebendo o estado de saúde perfeito, o corpo perfeito, o peso perfeito, energia e vitalidade ilimitadas agora". E *sinta* isso. *Sinta* isso agora, como se já tivesse recebido.

Quando *sentir* que já tem algo agora e esse sentimento for tão real que é como se você já tivesse, você acredita que o recebeu e, assim, receberá.

> Um rapaz foi internado com a pressão arterial altíssima depois de apresentar sintomas durante mais de um mês. O diagnóstico foi insuficiência cardíaca congestiva, e ele foi imediatamente transferido para a UTI, onde ficou por seis dias. Novos exames revelaram que seu coração aumentara de tamanho e formara músculos grossos. Ele só ouvia os médicos falarem sobre o péssimo estado do seu coração e que sua pressão estava alta demais. Isso o fez duvidar de que sobreviveria. Mas ele sabia o suficiente para transformar seus pensamentos predominantes em esperança e acreditar que seu coração era forte, saudável e cheio de amor. O mais importante era que sentia um coração forte, saudável e normal batendo dentro do peito como se já o tivesse recebido.

Vários meses depois dessa internação, ele fez os exames de acompanhamento. As imagens revelaram um coração perfeitamente normal e saudável. O médico ficou espantado, pois aquele nível de recuperação era muito incomum. O jovem creditou a cura aos seus pensamentos e às suas crenças. Como ele diz, quando os médicos falaram de insuficiência cardíaca, ele escolheu pedir, acreditar e receber o sucesso cardíaco.

Sejamos todos gratos por nosso coração saudável!

Manifestar Saúde pelos Outros

Sob certas circunstâncias, é possível usar o Processo Criativo para ajudar a melhorar a saúde dos outros.

Marcy, uma amiga querida, é uma das maiores manifestadoras que conheço. Ela *sente* tudo.

Ela *sente* como seria ter o que está pedindo. Ela *sente* tudo o que faz existir. Ela *sente* boa saúde e bem-estar não só para si, mas para todos que ama. Quando o marido ficou gravemente enfermo, Marcy passou a *sentir* como seria quando o marido se recuperasse plenamente. Ela não quis saber como nem quando; ela só *sentiu* isso a cada dia até que se manifestou. O marido se recuperou de forma plena e milagrosa.

Se quiser ajudar alguém que você ama e está doente, use o processo criativo para pedir, acreditar e *sentir* que a saúde plena dessa pessoa foi restaurada. É claro que cada um de nós é o criador da própria vida e que não podemos criar a vida dos outros, a menos que a outra pessoa peça conscientemente a mesma coisa. Por exemplo, quando alguém quer melhorar, os outros que o cercam podem focar no puro bem-estar dele. A pessoa receberá essa energia positiva porque ela está pedindo a mesma coisa para si, e isso a ajudará muito. Assim, embora você não possa controlar o que outra pessoa atrai com seus próprios pensamentos e sentimentos, se ela também pede saúde para si seus bons pensamentos e sentimentos podem ajudá-la a se elevar a uma frequência em que é possível receber saúde.

Ação Inspirada

Em geral, quando enfrentam um problema de saúde, as pessoas querem saber que *ações* deveriam realizar para remediar a situação. Siga as instruções recomendadas por seu profissional de saúde preferido e o plano de tratamento subsequente, se for o que escolheu. Mas, na lei da atração, não é necessário adotar nenhuma ação. Basta seguir as três etapas do processo criativo: peça, acredite e receba. No entanto, você pode escolher uma *ação inspirada* dentro da etapa de receber do processo criativo.

É importante notar que *ação* e *ação inspirada* não são a mesma coisa. *Ação* é uma palavra que envolve "trabalho" para algumas pessoas, mas *ação inspirada* não parece trabalho. A diferença entre a ação e a ação inspirada é: a ação inspirada acontece quando você age para receber.

Se está realizando uma ação para fazer acontecer, você escorregou para trás. A ação inspirada é sem esforço e maravilhosa porque você está na frequência de receber.

Quando se trata da sua saúde, sempre confie no seu instinto. É o Universo inspirando você. É o Universo se comunicando com você na frequência receptiva. Se tiver uma sensação intuitiva ou instintiva de tomar determinada providência ou decisão em relação à saúde, siga-a e descobrirá que o Universo move você magneticamente para receber o que pediu.

Seja qual for a ação, fique atento para que seja coerente com o que você pediu e não contradiga seu desejo. É aí que a prática de fazer de conta entra em ação. Pergunte-se: "Que providências eu tomaria agora mesmo se já tivesse o que quero?"

> *Conheço um casal que queria muito ter um filho. Infelizmente, havia problemas de fertilidade em ambos os lados e, depois do fracasso de várias rodadas de fertilização in vitro, eles chegaram aos últimos óvulos. Até o médico estava desanimado para fazer mais uma tentativa. Ainda assim, o casal estava decidido a tentar de novo. Mas dessa vez eles mudaram suas ações para combinar com seu desejo. Pararam de desejar um bebê e começaram a agir como se o bebê estivesse*

prestes a chegar. Começaram a reformar o quarto que planejavam dar ao bebê, tiraram todos os móveis e outros itens que estavam lá e compraram roupinhas de bebê. E, realmente, naquela última tentativa, com os últimos óvulos disponíveis, a mulher engravidou. Hoje o casal tem uma linda filha.

Vamos agradecer por todos os lindos bebês e crianças do mundo!

Em resumo, o processo criativo é nosso kit de primeiros socorros para ajudar a eliminar a doença e atrair a saúde perfeita. Só é preciso isto:

Primeiro passo: tenha clareza do estado de saúde que quer. Forme na mente a imagem de como você ficará quando tiver a saúde perfeita, sem nenhum sintoma e capaz de fazer tudo o que gosta. Pegue fotos suas em plena saúde, se tiver, e olhe-as com frequência.

Segundo passo: é preciso acreditar que você receberá e que a saúde perfeita já é sua. Você tem que imaginar, fingir, agir e fazer de conta que a saúde perfeita é sua. É preciso ver-se plenamente saudável como você pediu.

Não contradiga o que pediu com seus pensamentos, suas palavras e suas ações. Não fale de doenças nem sintomas e não se esconda sob o cobertor usando pijama o dia todo e sentindo pena de si mesmo. Tenha fé e se concentre em todas as coisas que fará com a saúde perfeita.

Procure, admire e elogie por dentro as pessoas que têm sua ideia de saúde perfeita. Procure-as, pois, ao admirá-las e perceber esse sentimento, você o convoca para si. Se vir pessoas que não estão bem, pense imediatamente em uma imagem delas e de você em saúde perfeita e *sinta* isso.

Terceiro passo: para entrar na frequência de receber a saúde perfeita, você só precisa se sentir bem. É fundamental que se sinta bem, porque você nunca atrairá a saúde perfeita enquanto se sentir péssimo com seus sintomas. Quando se sentir mal com sua saúde, você não estará na frequência certa para erradicar a doença. Em vez disso, você deve sentir alegria e felicidade e ter pensamentos de saúde perfeita até ficar na frequência da saúde perfeita. Então, é exatamente isso que você receberá.

Agora você precisa entender por que uma pessoa que diz e, mais importante, *acredita* que fica saudável o inverno todo sempre parece passar pelos meses de inverno com a saúde perfeita. Ou por que a pessoa que diz que detesta a primavera, pois tem muita alergia, parece que está sempre espirrando e lacrimejando, com um narigão vermelho, durante pelo menos três meses do ano. Essas pessoas *esperam* bem-estar ou doença. Se conseguir não esperar nada além de *boa* saúde e fazer disso um hábito, você preparará as forças universais à sua frente para convocar a saúde perfeita.

LIÇÃO 5

Gratidão pela Saúde

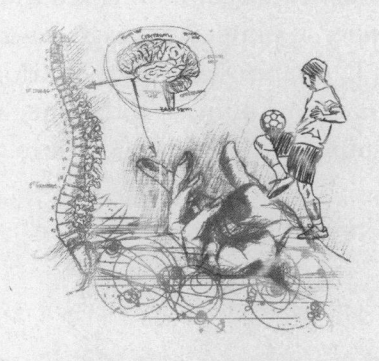

Você sente gratidão por sua saúde quando ela é boa? Ou só a nota quando seu corpo dói ou adoece?

Você se sente grato quando tem uma boa noite de sono? Ou só pensa no seu sono quando é privado dele?

Você é grato todos os dias por estar vivo?

A saúde é a dádiva da vida; é algo que você recebe e continua a receber a cada dia. Além de tudo o que fazemos para ter saúde, temos que ser gratos por ela para continuar a recebê-la!

A gratidão é uma das maneiras mais rápidas que conheço para começar a vivenciar o estado pleno de saúde que você deveria ter no corpo e na mente. Se usar um pouco a gratidão, sua vida e sua saúde mudarão um pouco. Se usar muito a gratidão, todos os dias, sua vida e, principalmente, sua saúde mudarão de um jeito que você mal consegue imaginar. Além de multiplicar tudo de bom em sua vida, a gratidão também elimina as coisas negativas, como doença e enfermidade. Não importa em que situação negativa você esteja, *sempre* se pode achar algo pelo qual possa se sentir grato. E, quando faz isso, você domina o poder da gratidão, que elimina toda a negatividade da sua vida, não importa que forma assumiu.

A Gratidão Faz Milagres

A gratidão pode fazer milagres, mover montanhas e abrir o mar. E pode dissolver qualquer doença.

Se não acredita que a gratidão tem o poder de fazer milagres no seu corpo e na sua saúde, reflita sobre estas histórias incríveis:

> *Uma moça recebeu o diagnóstico de alopecia, uma doença que faz o cabelo cair. Ela experimentou todos os tratamentos conhecidos durante anos, mas tudo parecia ter efeito negativo, e a queda de cabelo só se acelerava. Até que seu maior medo se concretizou: ficou completamente careca. Todos os médicos confirmaram que o problema era irreversível. Suas únicas opções eram fazer um doloroso transplante de cabelo ou usar*

peruca. Ela se recusou a aceitar isso e, assim, prendeu cartazes em todo o quarto com os dizeres: "Obrigada por meu cabelo natural, preto e lindo." Ela se desenhou com cabelos saudáveis e repetia várias vezes "Agradeço por minha cura". Isso foi em 2008. A princípio, foi difícil combinar os sentimentos com as palavras, mas ela persistiu. Dentro de alguns meses, começou a sentir a verdade de suas palavras, embora fisicamente nada tivesse mudado. Em 2009, os primeiros sinais de cabelo começaram a surgir. E, três anos depois, seu cabelo estava plenamente crescido – comprido, denso e natural.

Sejamos gratos pelo nosso cabelo saudável!

A função renal de outra mulher baixou para 30% e continuou caindo depressa. Essa mulher sonhava em ter uma vida cheia de energia com a família e se recusou a aceitar o prognóstico negativo. Todo dia e toda noite, ela se empenhava em sentir, acreditar e saber que estava sarando e, mais importante, em ser verdadeiramente grata pela sua saúde. Os médicos, junto a um grupo de especialistas, ficaram perplexos com sua recuperação plena e rápida, que ela credita à atitude de gratidão.

Sejamos gratos por nossos rins saudáveis!

O sonho de um jovem casal de expandir a família foi tragicamente estilhaçado quando o filho nasceu morto. Pouco depois, a mulher contraiu uma doença que fez seu sistema reprodutivo parar de funcionar. Disseram a ela e ao marido que não poderiam mais ter filhos. Embora ainda chorassem sua perda, eles decidiram resolver a situação por conta própria. Toda manhã, agradeciam ao Universo por estarem grávidos, embora não estivessem. Então, listavam todas as coisas pelas quais eram gratos, concentrando-se totalmente no lado positivo. Dali a um ano, e ao contrário do que diziam os melhores médicos, eles conseguiram engravidar outra vez. E tiveram um menino e uma menina, seus gêmeos milagrosos.

Sejamos gratos pela vida!

O Poder de Cura da Gratidão

A gratidão aumenta o fluxo natural de saúde na mente e no corpo e pode ajudar o corpo a se curar mais depressa, como mostraram incontáveis estudos. O poder da gratidão também funciona de mãos dadas com a prática de exercícios físicos, uma boa alimentação e assistência médica adequada, quando necessário.

Quando há algum tipo de enfermidade no corpo, é compreensível que você tenha sentimentos negativos a respeito, como estresse, preocupação, frustração e medo. Mas ter sentimentos negativos em relação à saúde não restaura a saúde. Na verdade, tem o efeito oposto: piora a saúde ainda mais. Para melhorá-la, é preciso substituir os sentimentos negativos por bons sentimentos, e a gratidão é o jeito mais fácil de fazer isso.

Ser grato pela saúde garante que você continue a receber mais saúde para permanecer grato e, ao mesmo tempo, elimina o estresse e a tensão do seu corpo e da sua mente. A ciência mostrou que o estresse está na raiz de muitas doenças. E também revelou que quem pratica a gratidão sara mais depressa e é provável que viva sete anos a mais!

Faz todo o sentido que seja assim, pois, de acordo com a lei da atração, aquilo pelo que você agradece se multiplica. É uma conta bem simples. O grau de gratidão por sua saúde é o grau exato em que ela vai melhorar, e o grau em que não tem gratidão por ela é o grau exato em que vai piorar. Quando praticar a gratidão, você começará a ver sua saúde melhorar na mesma hora. Pequenas dores, verrugas, cicatrizes ou marcas começarão a desaparecer magicamente, e você vai notar que sua energia, sua vitalidade e sua felicidade aumentam de forma impressionante.

Talvez você esteja doente ou se sentindo mal agora, ou mesmo com muita dor, mas continua a receber o dom da saúde, e pode ser grato por isso. Pode ser bem difícil acessar o sentimento de gratidão quando estamos doentes ou com dor, mas até um pouquinho de gratidão ajuda a aumentar o fluxo de saúde no corpo.

Por outro lado, quando se concentra em algo de que não gosta no seu corpo, você não é grato a ele. Pense nisso. Pela lei da atração, as reclamações sobre seu corpo trazem mais problemas para você reclamar, e assim reclamar do seu corpo ou da sua aparência põe em risco sua saúde.

Seja grato por seu corpo em vez de procurar defeitos nele. Toda vez que pensar em algo de que não gosta no seu corpo, lembre-se de que todas as células dele compartilham seus sentimentos e reagem de acordo com eles. Em vez disso, diga *muito obrigado* de todo o coração ao que gosta no seu corpo e ignore o que não gosta.

Gratidão por seu Corpo Magnífico

Pense em todas as partes do seu corpo que você realmente ama e aprecia.

Pense nas suas pernas e nos seus pés; são seu principal meio de transporte na vida. Pense em todas as coisas para as quais usa as pernas, como equilibrar-se, ficar em pé, sentar-se, exercitar-se, dançar, subir escadas, dirigir e, principalmente, o milagre que é andar. A capacidade de andar nos dá liberdade para gozar a vida! Diga "Obrigado por minhas pernas e meus pés", e fale sério.

Pense nos seus braços e nas suas mãos e em quantas coisas você pega e segura num único dia. Suas mãos são as principais ferramentas da sua vida e você as usa sem parar o dia todo, todos os dias. Diga "Obrigado por meus braços, minhas mãos e meus dedos!".

Pense nos seus sentidos incríveis. O paladar lhe dá muito prazer no decorrer do dia quando você come e bebe. Diga "Obrigado por meu incrível paladar!".

Seu olfato lhe permite sentir as belas fragrâncias da vida. Diga "Obrigado por meu olfato maravilhoso!"

Seu tato lhe permite tocar as pessoas queridas e envolvê-las num abraço tranquilizador. Sentir o toque da mão de outro ser humano é uma das coisas mais preciosas da vida. Diga "Obrigado por meu tato precioso!".

Pense no milagre dos seus olhos, que lhe permitem ver o rosto dos amigos e das pessoas queridas, ler livros, jornais e e-mails, assistir à televisão, ver a beleza natural e, o mais importante, enxergar seu caminho pela vida. Diga "Obrigado por meus olhos, que me permitem ver tudo!".

Se não ouvisse nada, você não poderia usar o telefone, ouvir música, escutar o rádio, ouvir a voz de pessoas queridas ou quaisquer sons do mundo que o cerca. Diga "Obrigado por minha audição!".

E o uso de qualquer um dos sentidos seria impossível sem o cérebro, que processa mais de um milhão de mensagens por segundo por meio de todos os seus sentidos! Na verdade, é o cérebro que lhe permite sentir e vivenciar a vida, e não há tecnologia no mundo que consiga reproduzi-lo. Diga "Obrigado por meu cérebro e minha linda mente!".

Pense nos seus órgãos vitais, que passam o tempo todo filtrando, limpando e renovando tudo em seu corpo, e pense no fato de que eles fazem todo o serviço automaticamente, sem você precisar pensar nisso. Diga "Obrigado, órgãos, por funcionarem com perfeição!". Pense no seu extraordinário sistema imunológico, que trabalha tanto para manter você bem e curá-lo. Diga "Obrigado, sistema imunológico!".

Porém mais milagroso do que qualquer sentido, sistema, função ou outro órgão do corpo é o coração. O coração governa a vida de todos os outros órgãos, porque é ele que mantém a vida fluindo em todos os sistemas do corpo. Diga "Obrigado por meu coração forte e saudável!".

Seu corpo é o maior laboratório do planeta, e não há nada que chegue perto de reproduzir sua magnificência. Você é um milagre!

Diga "Obrigado por meu corpo magnífico!".

Gratidão pela Comida

Outro jeito poderoso de usar a gratidão para ter mais saúde é agradecer pela comida que você coloca no seu corpo.

Agradecer à comida antes de comer é uma tradição seguida há milhares de anos, desde os antigos egípcios, que acreditavam que, quando abençoavam a água e a comida com a gratidão, purificavam o que estivessem abençoando.

Com o ritmo rápido da vida no século XXI, a tradição de reservar um tempo para agradecer a refeição foi praticamente deixada para trás. Mas, quando se olham as teorias e descobertas recentes da física quântica, como o efeito do observador, talvez os antigos egípcios estivessem certos. Na física quântica, o efeito do observador se refere às mudanças que o ato de observar causa no que é observado. Imagine se ser grato à comida e à bebida mudasse a estrutura energética delas e as purificasse para que tudo o que você consumisse tivesse o efeito supremo de trazer bem-estar ao seu corpo? Bom, é exatamente o que acontece quando abençoa a comida: você muda sua estrutura e o efeito que ela causa no corpo. Abençoar a água com amor e gratidão faz a mesma coisa.

Você precisa de comida para viver, pensar, sentir-se bem e manter a saúde, portanto há *muito* que agradecer na comida.

Antes de comer ou beber qualquer coisa hoje, seja uma refeição, uma fruta, um petisco ou algum líquido, inclusive água, reserve um instante para olhar o que está prestes a ingerir e, em sua mente ou em voz alta, diga "Obrigado!". *Sinta* o amor e a gratidão. Garanta também que suas conversas sejam positivas quando se sentar para comer. Se puder, coma uma garfada e saboreie a comida; além de aumentar seu prazer, isso também aumentará sua saúde e seu bem-estar.

Uma mulher me escreveu para contar sua luta com o sobrepeso. Apesar da dieta estrita e dos exercícios diários na academia, ela não conseguia perder um único quilo. Foi aí que resolveu experimentar algo novo. Passou a comer com mais consciência. Abençoava a comida antes da primeira garfada; saboreava-a e rezava para que ela nutrisse seu corpo. O efeito foi quase instantâneo. Ela parou de ficar obcecada pela comida e se preocupou menos com o que era saudável ou o que a faria engordar. Comia o que queria quando queria. Escreveu uma lista de todas as coisas pelas quais era grata e exprimiu gratidão por todas as coisas que seria capaz de fazer quando atingisse seu peso ideal. Entre elas, caber no vestido de noiva dos seus sonhos. Em pouco tempo, ela conseguiu perder mais de um terço do peso e estava a caminho do seu corpo ideal. Tudo isso graças à gratidão recém-encontrada e à apreciação pela comida e por si mesma.

Sejamos gratos pela comida e pela saúde que ela nos proporciona!

A gratidão é o grande multiplicador, portanto diga *obrigado* à sua saúde todos os dias. Todo o dinheiro do mundo não compra saúde, porque ela é um dom da vida. Mais do que tudo, seja grato por sua saúde! Sua gratidão é a garantia de que ela continuará a melhorar cada vez mais.

LIÇÃO 6

Visualizar a Saúde

Com muita frequência, quando recebe o diagnóstico de alguma doença, a pessoa, além de se preocupar muito, pesquisará sobre a doença, coletando informações sobre os possíveis sintomas de piora e os prognósticos assustadores. Em outras palavras, todo o seu foco vai para a doença.

No entanto, a lei da atração diz que não podemos fazer um problema sumir nos concentrando nele, porque nos concentrarmos no problema só vai piorá-lo. Em vez disso, devemos fazer o contrário: nos concentrar no estado *ideal* da região do corpo que não está bem e lhe dar nossos pensamentos e sentimentos. Concentrar-se ou *visualizar* o estado ideal de qualquer parte do nosso corpo usa com potência nossos pensamentos e sentimentos para atrair esse estado até nós num só gesto!

Visualizar é um processo ensinado pelos grandes mestres e avatares no decorrer dos séculos, assim como pelos grandes mestres que estão vivos hoje. A razão para visualizar a saúde ser tão poderoso é que, quando criamos na mente imagens em que nos vemos bem, geramos pensamentos e sentimentos de *estarmos* bem agora. A visualização é apenas o pensamento concentrado de forma poderosa em imagens, e causa sentimentos igualmente poderosos. Quando visualiza, você emite essa frequência poderosa para o Universo. A lei da atração vai captar essa visualização poderosa e lhe devolver essas imagens como você as viu na sua mente.

Como é que a mente tem tanto poder de mudar as coisas físicas? As antigas tradições nos dizem que tudo, absolutamente tudo o que percebemos no mundo físico é feito de "mente". Dizem que toda matéria, na verdade, é "coisa da mente" e que, por isso, a mente pode mudar tudo.

Imagine Seu Corpo Perfeito

Enquanto vê e sente a imagem em sua mente, você se leva a um lugar em que acredita que a tem agora. O inconsciente não sabe se você está imaginando ou se ela é real. Lembre-se, o inconsciente governa todos os aspectos do corpo e da saúde. Quando imagina a saúde perfeita e acredita que a tem, o inconsciente recebe esses pensamentos e imagens como se você já os tivesse e, pela lei da atração, lhe devolve essas imagens.

A meta é se concentrar no resultado e vivenciar esse sentimento sem dar qualquer atenção a "como" isso vai acontecer. Quando estiver no lugar onde o que imagina parece real, você saberá que a coisa imaginada penetrou no seu inconsciente, e a lei da atração a trará. A imagem que você tem na mente é como se o que quer já existisse. Seus sentimentos veem como se ela já existisse. Sua mente e todo o seu ser são vistos como se *já tivessem acontecido*. Essa é a arte da visualização.

> *Uma mulher tentou muitas vezes parar de fumar, mas nunca conseguiu parar por um dia inteiro. Seu problema é que não conseguia nem pensar na vida sem o cigarro, e era exatamente isso que a fazia continuar fumando. Então ela começou a visualizar e imaginar como seriam seus dias se estivesse saudável e livre do cigarro. O resultado foi que conseguiu abandonar esse hábito e nunca mais fumou. Foi muito mais fácil do que pensava que seria, porque nenhum vício do corpo é páreo para o poder da imaginação e para a lei da atração.*
>
> *Sejamos gratos pelo ar puro e limpo que inspiramos com nossos pulmões!*

Visualização para a Saúde Perfeita

Quando nos apresentou a visualização no documentário *O Segredo*, Denis Waitley nos disse que, se conseguirmos entrar na mente, conseguiremos entrar no corpo. Ele e seus colegas mostraram, com pesquisas científicas, que o corpo não distingue o que é imaginado do que é real e reage aos dois da mesma maneira. Pense nas implicações disso para a saúde. O dr. Waitley inspirou-se no processo de visualização usado no programa espacial Apollo e o apresentou a atletas olímpicos nas décadas de 1980 e 1990. Imagine as façanhas sobre-humanas de força e resistência que poderiam ser realizadas por atletas como o campeão de natação Michael Phelps. Com o mesmo método de visualização, você também pode conseguir a saúde perfeita usando o poder da imaginação.

Visualizar a saúde perfeita é um processo muito simples.

Reserve um minuto para visualizar uma cena de si mesmo com o estado *ideal* do corpo que você quer. E, enquanto vê na mente seu corpo do jeito que você quer, seja grato por ele, como se já o tivesse recebido.

Se quiser restaurar a saúde de costas lesionadas, imagine-se com costas fortes e saudáveis que sustentam todo o seu corpo e lhe oferecem livre mobilidade. Depois, sinta gratidão, como se já as tivesse recebido. Se quiser restaurar a saúde do estômago, imagine que se sente perfeitamente à vontade enquanto seu estômago digere a comida sem esforço e ajuda a levar nutrientes vitais a todas as partes do corpo. Se quiser restaurar a saúde do coração, visualize um coração forte e saudável bombeando com eficiência e mantendo o bem-estar de todos os órgãos do corpo.

Se quiser melhorar sua visão, imagine-se vendo com clareza. Se quiser melhorar sua audição, imagine-se ouvindo tudo com perfeição. Se quiser mais flexibilidade, veja-se com um corpo perfeitamente ágil e flexível. Se quiser mudar seu peso, primeiro pense no peso *ideal* que deseja, depois visualize-se nele, e agradeça por ele, como se já o tivesse recebido agora.

Seja o que for que quiser melhorar, primeiro imagine-se no estado *ideal* e depois sinta-se grato por esse estado *ideal*, como se já o tivesse alcançado.

> *Uma adolescente de 16 anos fez exatamente isso depois de sofrer um terrível acidente de moto. Embora não se recordasse de tudo, lembrava-se de um médico que dissera que ela poderia morrer devido ao número de fraturas no rosto e na cabeça. Ela precisou de várias cirurgias na boca, no nariz e no maxilar para reconstruir a face. Disseram que a recuperação seria lenta e dolorosa e que as cicatrizes eram inevitáveis. No entanto, essa moça literalmente viu as coisas de forma diferente. Visualizou-se levando uma vida*

*normal e saindo com os amigos, com um rosto sem
nenhuma cicatriz. Na verdade, ela se imaginou
com o rosto mais belo do mundo, e agradeceu ao
Universo como se isso já fosse verdade. Os médicos
se espantaram ao ver a rapidez e a perfeição de sua
recuperação. Em 20 dias, ela estava em casa, feliz
e saudável. Agora se passaram muitos anos do
acidente, e não há qualquer marca dele em seu rosto:
as cicatrizes sumiram. Ela está exatamente como
se imaginou.*

Vamos agradecer por nossa saúde e nossa segurança!

A Visualização Cria Milagres

Nada é impossível e não existe situação sem esperanças. Não importam as probabilidades, a cura sempre é possível. Pense na história de Morris Goodman no filme *O Segredo*. Depois de sobreviver à queda de um avião, Morris ficou no hospital completamente paralisado, conseguia apenas piscar os olhos. Os médicos lhe disseram que ele não voltaria a andar. Mas ele conhecia o poder que tinha dentro de si de tornar realidade aquilo em que pensasse. Ele sabia que ainda podia usar a mente para visualizar e, contra todas as probabilidades, Morris saiu do hospital andando.

Se estiver ferido ou doente, e a situação não melhorar, significa que você está imaginando e sentindo mais a lesão ou a doença do que imaginando e sentindo a plena recuperação. É preciso mudar. Encha-se de bons pensamentos e bons sentimentos a respeito da recuperação plena ou de tudo o que faz você se sentir bem. Sinta-se bem o máximo que puder, porque cada momento se sentindo bem traz a plena recuperação.

Quando imagina e sente que tem o que quer, você está literalmente em um novo mundo com o que imaginou, e não contradiga esse novo mundo falando a todos da lesão ou da doença que não melhora, porque aí você está novamente imaginando o pior e voltando ao velho mundo. Quando imagina o pior, é isso que vai receber. Quando imagina o melhor, é isso que vai receber. O fato de ser capaz de imaginar sua plena recuperação significa que ela já existe! Se alguém lhe perguntar como vai, você pode responder: "Estou me *sentindo* 100% novo, e meu corpo está reagindo a isso." Ou então "Isso foi uma bênção, porque me fez apreciar meu corpo e minha saúde mais do que nunca". Ou, se tiver coragem, "Conquistei minha recuperação à unha".

Visualizar pelos Outros

Visualizar a boa saúde dos outros também é possível. Exatamente como minha amiga Marcy fez pelo marido, se quiser ajudar alguém que tenha problemas de saúde você pode visualizar na sua mente a pessoa forte, feliz e saudável. Para fazer isso com eficácia, crie na mente uma cena sua com a pessoa, com o máximo de detalhes possível. Imagine as palavras que vocês estão dizendo e veja a pessoa fazendo coisas que só quem está feliz e saudável pode fazer. Repasse a cena várias e várias vezes e sinta profundamente a visualização, como se já a vivesse. Embora, em última análise, seja a pessoa a responsável por criar sua própria vida, esse processo pode ajudá-la imensamente se ela quiser voltar a ficar bem. É ainda mais poderoso se você conseguir incentivar a pessoa a visualizar junto com você.

Uma jovem mãe vivenciou isso quando o parceiro foi fazer uma reforma em casa e, acidentalmente, decepou três dedos. O cirurgião relutou em tentar reimplantá-los, pois o dano nervoso era muito grande. Como o homem trabalhava com as mãos, em essência o prognóstico era o fim de sua carreira. O casal insistiu que o médico fizesse o possível para reimplantar os dedos. No entanto, disseram que havia pouca probabilidade de os dedos sararem e muito menos de se recuperarem plenamente. Mas a mulher não quis saber de tanta negatividade, e começou a imaginar a mão do parceiro completamente curada e funcional. A visualização favorita do casal era os dois montados na motocicleta Harley-Davidson, a mão dele apertando o acelerador com perfeita destreza.

Três dias depois da cirurgia, as ataduras foram removidas, e os médicos se espantaram ao ver como a mão se recuperara bem. Àquela altura, até o cirurgião começou a acreditar que o homem se recuperaria plenamente. De fato, em seis semanas ele voltou

*a trabalhar, e três meses depois uma radiografia
revelou que os fragmentos de osso que faltavam
tinham crescido; sua mão estava praticamente
nova. Talvez o mais importante tenha sido que ele
conseguiu acelerar novamente sua Harley-Davidson
para passear com a parceira.*

Sejamos gratos por nossas mãos e nossos dedos!

Para os pais, o desafio supremo pode ser quando a saúde do filho está em perigo. Mas as práticas do Segredo que usamos para nos curar também podem ser usadas com nossos filhos. Embora não possamos controlar a experiência dos outros se sua jornada tiver de tomar um rumo diferente, as crianças são muito receptivas a pensamentos e sentimentos positivos.

*Um homem nos escreveu para contar uma história
poderosa sobre o nascimento prematuro de sua
sobrinha. Quando a cunhada adoeceu gravemente com
sete meses de gestação, o médico insistiu em fazer o
parto naquele momento. O bebê tinha pouquíssimas
chances de sobreviver. Na verdade, a situação era tão
grave que o médico perguntou se deveria priorizar
a vida da mãe ou do bebê. Foi então que o homem
pôs à prova seu talento de visualização. Imaginou
que segurava o bebê no colo e dizia "Obrigado
pela saúde perfeita da mãe e da filha". Ele repetiu
esse mantra várias vezes até a sobrinha nascer e
o médico lhe assegurar que as duas por enquanto
estavam fora de perigo. Dois meses prematura, a
bebê foi imediatamente levada à UTI neonatal. Os*

> *médicos ainda estavam um pouco pessimistas com a probabilidade de ela sobreviver. Mas a família se recusou a aceitar essa negatividade. Em vez de se afligir com a situação do bebê, eles compraram roupinhas e se demoravam em discutir com quem ela se parecia. Apesar de todos os tubos, fios e aparelhos médicos ligados ao corpinho minúsculo, toda noite, antes de dormir, o tio continuou a se visualizar brincando com a sobrinha, pegando-a no colo e, mais importante, vendo-a com perfeita saúde. Seis semanas depois, a família pôde levá-la para casa, pois ela tinha se recuperado plenamente e era tão saudável quanto qualquer outro recém-nascido.*
>
> *Sejamos gratos pela nossa família saudável!*

Imagine a Saúde

Seja qual for a situação que estiver enfrentando, tente imaginar como você se sentiria plenamente curado.

Se conseguir imaginar-se bem, você se *sentirá* bem, e quando sentir que é verdade, você receberá isso. Para ver sua saúde melhorar, só é preciso imaginar e sentir como seria ter a saúde que você quer em seu corpo.

Se estiver acima ou abaixo do peso e visualizar que tem o peso perfeito agora, como você se sente? Você se sente diferente de como estava se sentindo. Tudo em você vai mudar. Você vai andar de um jeito diferente, falar de um jeito diferente, fazer as coisas de um jeito diferente. Ande assim agora! Fale assim agora! Aja como se estivesse assim agora! Não importa o que você quer; imagine como se sentiria e, se puder, sinta-se assim agora. O que imaginar com sentimento você estará emitindo e, pela lei da atração, terá que receber.

Leve sua imaginação consigo todos os dias e *imagine* como seria *se* você transbordasse de saúde. *Imagine* como se sentiria *se* pudesse fazer o que quiser. Use todos os seus sentidos e imagine todas as cenas e situações possíveis com a saúde que deseja e sinta que a tem agora. Imagine o peso perfeito, o corpo perfeito, a saúde perfeita de um órgão e imagine que tem tudo isso. Sinta gratidão por ter e seja também absolutamente grato pela saúde que já tem! Tente passar três minutos por dia imaginando e sentindo que tem a saúde que deseja. Faça isso todo dia, até sentir que já a tem. Faça isso até saber que ela lhe pertence, como você sabe que seu nome lhe pertence. Imaginando isso, você obterá a saúde desejada em apenas um ou dois dias. Outras mudanças podem levar mais tempo. Seu corpo pode mudar para o que você quiser, mas só por meio dos seus pensamentos, dos seus sentimentos e da sua imaginação.

Painel de Visualização da Saúde

Outra maneira de usar a imaginação para atrair a saúde perfeita é com o painel de visualização.

Quando você põe em seu painel de visualização imagens do que quer e de como quer que sua vida seja, isso ajuda a criar na sua mente a imagem do resultado desejado. Você pode usar fotos antigas suas de quando estava mais saudável e vibrante ou praticava alguma atividade que gostaria de praticar de novo. Pode usar fotos antigas suas de quando tinha o peso ao qual gostaria de retornar. Ou então pode usar fotos de outras pessoas que sejam agora sua meta de peso ou de saúde, ou fazendo coisas que você sempre quis fazer. Coloque seu painel de visualização num lugar onde possa vê-lo todos os dias. Quando olha o painel de visualização, você fixa na mente a imagem do seu desejo. Concentrar-se em seu painel de visualização estimula seus sentidos e desperta um sentimento positivo dentro de você. *Sinta* que tem, que é e que faz essas coisas agora. Então você terá os dois elementos da criação – a mente e os sentimentos – trabalhando a pleno vapor.

> *Conheço uma mulher que estava com dificuldade para engravidar do segundo filho e, em três anos e meio, sofreu seis abortos. É compreensível que começasse a se culpar e a duvidar de si mesma. Os médicos e outros especialistas em fertilidade faziam questão de falar de sua idade avançada e tudo o que havia de "errado" com ela, e isso não melhorava a situação. O pior é que ela não tinha dinheiro nem plano de saúde para cobrir a fertilização* in vitro *nem outros tratamentos caros. O sonho do segundo filho começou a se desfazer.*

Na época, ela decidiu se concentrar no primeiro filho e ser grata por essa bênção. Sua gratidão trouxe uma mudança drástica das circunstâncias de sua vida. A empresa onde trabalhava foi comprada, e o novo dono ofereceu um plano de saúde que cobria a fertilização in vitro. *Ela também teve que mudar de médico, e o novo especialista em fertilidade era muito mais otimista a respeito de sua gestação.*

Nos primeiros estágios do tratamento, ela decidiu criar um painel de visualização. Colocou a foto que encontrou na internet de um bebê fofinho com atributos físicos parecidos com os dela e do marido. Pendurou a foto acima de sua mesa para vê-la todo dia.

Apesar do apoio e do incentivo do novo médico, a fertilização in vitro *não correu totalmente de acordo com o plano. Em consequência, só tinham mais um óvulo disponível para a fertilização. No dia da transferência, a enfermeira deu a ela a foto do embrião de oito células, e a alegria e a esperança levaram a mulher às lágrimas. Mais tarde, ela acrescentaria essa foto ao seu painel de visualização, ao lado da foto do bebê que encontrara na internet. Dado o histórico de abortos, seria difícil que esse único embrião se implantasse e que ela levasse a gestação a termo. Mas foi exatamente o que aconteceu e, nove meses depois, seu filho nasceu feliz e saudável.*

A família se mudou algum tempo depois que o bebê nasceu, e, decorridos vários meses, a mãe foi abrir algumas caixas e encontrou seu painel de visualização.

Ficou espantada. O bebê fofo da foto que pegara na internet era igualzinho ao seu menino, agora com quinze meses.

Sejamos gratos pelos milagres!

Assim, inspire-se nessa mulher e não desanime com um prognóstico difícil ou sugestões de que algo é impossível. Gosto de dizer que *tudo* é possível quando a gente acredita.

O fato é que toda a sua vida até agora é o que você *imaginou* que seria. Tudo o que tem ou não, toda situação ou circunstância da vida, inclusive sua saúde, suas habilidades e suas limitações, tudo isso existe porque você imaginou. Em vez de imaginar o melhor, muita gente sente medo e imagina tudo o que pode dar errado, e, com toda a certeza, enquanto ficar imaginando e sentindo essas coisas, elas vão acontecer. Sinta e imagine as melhores e mais elevadas coisas que puder para sua saúde, seu corpo e todas as áreas da vida, porque o melhor que você pode imaginar é muito fácil para você e para a lei da atração!

LIÇÃO 7

AFIRMAR A SAÚDE

Uma das coisas que as pessoas fazem com frequência quando estão doentes é falar da doença o tempo todo. Isso acontece porque pensam nela constantemente e só estão verbalizando seus pensamentos. Se não estiver se sentindo muito bem, não fale sobre isso, a não ser que queira se sentir ainda pior. A doença é mantida no corpo quando pensamos nela, quando a observamos e quando damos atenção a ela.

Uma mulher que nos escreveu disse que sua alergia era tão forte que parecia estar com tosse ou resfriado o tempo todo. Ela era provocada por mudanças súbitas do tempo, poeira no ar e até perfumes.

Sempre que sentia que um desses ataques de alergia estava chegando, ela conversava automaticamente sobre isso com a família e os amigos. Um dia, ela percebeu que era essa energia negativa criada ao conversar sobre seu problema que mantinha a doença e a fazia sofrer. Imediatamente, ela parou de conversar sobre seus problemas de saúde com a família e os amigos; não demorou muito e conseguiu se livrar de todos os sintomas.

Sejamos gratos por nos sentirmos bem e saudáveis!

Se não estiver se sentindo muito bem, aceite que seus pensamentos e suas palavras foram responsáveis e repita isto com a máxima frequência que puder: "Eu me sinto maravilhoso. Eu me sinto muito bem", e sinta-se mesmo. Se não estiver se sentindo bem e alguém lhe perguntar como está, seja grato a essa pessoa por lhe lembrar de ter pensamentos em que se sente bem. Só fale daquilo que você quer.

Falar de um vírus que está por aí, de fadiga, dores, sintomas de gripe ou do diagnóstico que você acabou de receber do médico é falar do que você não quer. Toda vez que se envolve na conversa sobre o que não quer, você traz mais luta e dificuldade à sua vida. Quando fala dos seus problemas de saúde, você não está falando do que quer.

Fale de como é bom estar cheio de saúde. Fale da energia que tem e de tudo que planeja fazer com ela. Fale das coisas pelas quais é grato no seu corpo e na sua saúde. Você tem que falar sobre o que quer trazer para você. Em conversas e em pensamentos, diga "Imagine se…" e preencha o resto da frase com o que você quer. "Imagine se eu tivesse a energia que tinha aos 20 anos", "Imagine se eu acordasse todo dia empolgado para me levantar".

Se estiver falando com um amigo que se queixa da saúde, ajude-o dizendo "Imagine que você está 100% recuperado. Imagine como se sentiria!". Porque a verdade é que a possibilidade de seu amigo ficar perfeitamente saudável já existe e, se ele conseguir imaginar e sentir, poderá receber! No entanto, você não pode virar a conversa numa direção positiva e depois simplesmente pedir licença e ir embora. Enquanto se afasta, veja com seus pensamentos e sentimentos poderosos seu amigo bem, e depois esqueça.

Afirmações para a Saúde Perfeita

No entanto, quando se trata de sua vida, você pode mudar tudo, porque tem a capacidade ilimitada de pensar e falar o que quer. Portanto, você tem uma capacidade ilimitada de trazer tudo de bom na vida para si, inclusive a saúde perfeita! Uma das maneiras mais rápidas e diretas de fazer isso é com afirmações. A afirmação é como uma declaração de missão pessoal que você diz a si mesmo várias e várias vezes até ela infiltrar-se no seu inconsciente como uma crença.

Lembre-se, o inconsciente governa todos os aspectos do corpo e da saúde. Portanto, quando a afirmação de saúde se torna uma crença inconsciente, ela vira uma ordem do seu inconsciente a todos os seus órgãos e células, uma ordem para promover a cura.

Havia uma mulher que se descrevia como negativa e deprimida. Ela detestava seu corpo e acreditava que, sempre que se divertia, com certeza viria um tempo ruim. Um dia, após uma consulta com o seu ginecologista, descobriu que tinha um câncer de colo do útero em estágio inicial. Precisaria passar por uma cirurgia urgente para remover as células anormais. Foi nesse momento que tomou a decisão de recuperar o controle da sua vida. Parou de fumar e procurou um personal trainer para ajudá-la a entrar em forma. O mais importante foi que, dia e noite, ela dizia a si mesma: "Sou saudável, me sinto saudável!" Depois de alguns dias repetindo essa afirmação para si mesma, ela realmente começou a acreditar nisso. A partir daí, soube que ficaria bem. No dia da cirurgia, um milagre aconteceu. Uma nova biópsia não revelou absolutamente nenhum sinal de anormalidade ou de câncer – o que contrastava com as duas biópsias anteriores. O médico lhe disse que, em 45 anos de medicina, nunca vira nada parecido. Disse que era como se as células tivessem se curado sozinhas. Mas é claro que foi exatamente isso que aconteceu. Sua poderosa afirmação "Sou saudável, me sinto saudável!" agiu como ordem ao corpo para se curar.

Sejamos gratos por todas as nossas células saudáveis!

O Poder do "Sou"

Essa afirmação simples "Sou saudável" revela o grande segredo das afirmações na primeira pessoa: "SOU!"

Quando você diz "sou", as palavras que vêm depois convocam a criação com uma força poderosa, porque você declara que é um fato. Afirma com certeza. Imediatamente depois que você diz "Sou fraco", "Sou doente", "Sou desanimado" ou "Sou velho", o gênio diz: "Seu desejo é uma ordem."

Sabendo disso, não seria melhor usar a palavra mais poderosa, "SOU", para seu bem? Que tal "SOU feliz", "SOU saudável", "SOU forte", "SOU jovem", "SOU cheio de energia todo santo dia".

Em seu livro *O sistema da chave mestra*, Charles Haanel afirma que há uma afirmação que incorpora todas as coisas que o ser humano pode desejar e que essa afirmação trará harmonia a todas as coisas. Ele acrescenta: "A razão disso é que a afirmação está em concordância estrita com a Verdade, e quando a Verdade aparece, toda forma de erro ou discórdia tem necessariamente de desaparecer."

A afirmação é: "Sou íntegro, perfeito, forte, poderoso, amoroso, harmonioso e feliz."

Experimente usar essa afirmação todo dia.

"Sou íntegro, perfeito, forte, poderoso, amoroso, harmonioso e feliz."

É claro que o uso eficaz das afirmações depende inteiramente de até que ponto você acredita nelas quando as diz. Se não houver crença, a afirmação não passará de palavras sem poder. Se achar que tem dificuldade de acreditar, repetir constantemente sua afirmação ajudará a construir a crença. Quando finalmente acreditar no que diz, você acabou de criá-lo, não importa o que seja.

Se estiver lidando atualmente com um problema de saúde, sempre que se lembrar dele, a qualquer momento do dia, diga "Estou ótimo". Diga isso centenas de vezes por dia, se quiser. Diga com frequência, mas diga muito, muito devagar, dando a mesma ênfase em cada palavra. "Estou... ótimo." Sinta o significado das palavras ao dizê-las devagar e tenha o máximo que puder de sentimentos de bem-estar dentro de você. Acumule esse sentimento todo santo dia. Você vai melhorar cada vez mais. Sinta mais esse bem-estar dentro de você e reaja menos às circunstâncias externas, e você mudará essas circunstâncias.

> *Um professor usou essa prática para superar a depressão que o acometeu algumas vezes no decorrer dos anos. Na última crise, ele se sentiu ainda pior. Mas, em vez de continuar a sofrer, decidiu repetir para si mesmo, várias e várias vezes: "Sou saudável." Em seguida, fazia uma afirmação mais*

específica: "Encontrarei o terapeuta certo e vou me curar." Essas duas afirmações simples funcionaram: ele encontrou o médico certo e se pôs no caminho da boa saúde mental.

Uma moça teve uma experiência parecida. Ela sofria de depressão crônica e transtorno de ansiedade e tomava antidepressivos havia cinco anos. Toda vez que tentava se livrar dos remédios, sentia fortes palpitações, e o medo e a ansiedade a faziam voltar rapidamente à medicação. Então ela recorreu às afirmações. Inspirada por uma história que leu no site de O Segredo, ela afirmava: "Meu corpo e meus neurônios conseguem produzir todas as substâncias e neurotransmissores para me curar." Em seguida, dizia: "Obrigada por minha cura." Ela repetia essas duas afirmações o dia inteiro, tão desesperada que estava para se curar. Naquela noite, dormiu tranquilamente. Não houve palpitações nem pensamentos negativos no dia seguinte. Meses depois, ela estava livre da depressão e da ansiedade, havia parado com os remédios e não sofrera nenhum sintoma de abstinência. O melhor é que ela está feliz pela primeira vez em anos. Os pensamentos e as afirmações positivas trouxeram a alegria de volta.

Vamos todos agradecer por nossa saúde mental!

Embora pareça incrível que algo como a depressão crônica possa ser curado assim, saiba que o corpo é plenamente capaz de produzir todas as substâncias neuroquímicas, todas as proteínas, todos os antígenos e todas as células imunológicas necessárias para equilibrar e superar quaisquer doenças, inclusive as mentais. Basta lembrar que qualquer decisão de parar ou ajustar a medicação deve ser tomada em conjunto com um profissional de saúde.

Uma Poderosa Autossugestão

Na década de 1900, o psicólogo e farmacêutico francês Émile Coué foi pioneiro no uso do pensamento positivo para ajudar a cura. Parte do sucesso de seus métodos envolvia a simples aplicação diária pelos pacientes desta autossugestão consciente:

"Todos os dias, sob todos os pontos de vista, vou ficar cada vez melhor."

Essa declaração não é poderosa só para a saúde. Como se pode ver pelas palavras, é uma declaração poderosa para todas as áreas da vida. Quando usar essa afirmação, diga-a bem devagar, com plena convicção do significado das palavras. É a energia que colocamos nas palavras que as torna poderosas.

Seu trabalho é imaginar a saúde perfeita e, aí, repetir esse pensamento várias e várias vezes na mente até que vire uma crença. Então, o Universo assumirá sua causa e vai inspirar pessoas, circunstâncias e eventos a se reunirem para você melhorar.

*Foi o que ocorreu com uma moça diagnosticada com
esclerose múltipla, um transtorno autoimune que
afeta o cérebro e a medula espinhal. Não se conhece a
causa nem a cura dessa doença. O prognóstico varia,
mas para essa mulher era especialmente agressivo.
Apenas dezoito meses depois do diagnóstico, ela
já estava perdendo a função de um dos lados do
corpo. Foi quando pôs para funcionar sua afirmação
poderosa. Se alguém lhe perguntasse, ela dizia:
"Estou perfeitamente saudável!" Mesmo que não
perguntassem, mesmo assim ela dizia: "Estou
perfeitamente saudável!" E ela fez todo o possível para
acreditar nessa afirmação, com visualização e orações.*

*Dois meses depois, ela foi a um seminário sobre
esclerose múltipla, na esperança de receber dicas úteis
de ioga. A princípio, desanimou ao ver a maioria dos
outros espectadores em cadeiras de rodas. Mesmo
assim, encontrou um palestrante que falou da recente
evolução da terapia com células-tronco. Acontece
que, em seu estágio da doença, esse tratamento
poderia impedir o avanço da esclerose múltipla. Isso
significava que ela não teria mais efeitos colaterais
e poderia encontrar a cura. O problema era que
o tratamento não estava disponível em seu país;
ela teria que viajar para o exterior. Além disso, o
tratamento era caríssimo e havia uma lista de espera
de dois ou três anos.*

*Sem desanimar, ela voltou a se concentrar nos
pensamentos afirmativos de perfeita saúde e a
visualizar seu corpo saudável. Também agradeceu ao*

Universo por receber o tratamento de células-tronco com os melhores médicos e no melhor hospital, por um valor que podia pagar.

Alguns meses depois, o tratamento passou a ser realizado em seu país, a um preço acessível. Melhor ainda: ela seria a primeira paciente da fila. O tratamento foi um sucesso sem precedentes, e os efeitos colaterais foram tão suaves que ela recebeu alta do hospital uma semana antes do previsto. Desde então, ela se tornou defensora dos transplantes de células-tronco e orienta pacientes com esclerose múltipla do mundo inteiro.

Não se pode negar que essa mulher se beneficiou tremendamente do acesso a um tratamento médico avançado. No entanto, também é verdade que ela atraiu o procedimento e a oportunidade que salvou sua vida com o poder de suas palavras e seus pensamentos.

Vamos agradecer pelo grande avanço da ciência médica!

Você tem o poder de criar o que quiser porque você é muito mais do que um ser humano; você é um Ser Infinito. A saúde perfeita é quem você é, e ela está plenamente disponível para seu corpo agora. Na verdade, você não tem de criá-la, porque ela penetra todas as células do seu corpo constantemente. Só é preciso parar de fazer o que impede a saúde de se manifestar no seu corpo agora. Sob nenhuma circunstância alimente pensamentos de doença e em todas as circunstâncias se concentre em pensamentos de saúde e bem-estar.

Para concluir esta lição, gostaria de lhe mostrar uma lista das minhas afirmações favoritas, que uso quase todo dia para atrair a saúde. Recomendo que você escolha pelo menos 25 delas e as recite para si diariamente. Se está enfrentando algum problema de saúde neste momento, sugiro que repita todas elas todos os dias. É o que eu faço. Você também pode escolher as que reverberam em você e combinam melhor com a saúde que você quer manifestar.

Minhas Afirmações de Saúde Favoritas

Está tudo bem.
Estou bem.
Meu corpo está bem.
A saúde é tudo o que existe.
A saúde está aqui agora.
Eu sou pura saúde.
Sou saudável, saudável, saudável.
Sou íntegra, perfeita, forte, poderosa, amorosa, harmoniosa e feliz.
Obrigada pela saúde perfeita do meu corpo.
Estou em perfeita forma.
Estou ótima, com disposição para dar e vender.
Estou cheia de energia.

Sou forte como um touro.
Sou sadia e robusta.
Estou em ótima forma.
Estou me sentindo muito bem.
Minha ficha médica está limpa.
Sou a imagem da boa saúde.
Meu corpo está em equilíbrio e com a saúde perfeita.
Penso positivamente e a saúde plena corre por meu corpo.
Meu corpo está 100% bem.
Meu corpo está em completa harmonia.
Manifesto perfeita estabilidade em meu corpo.
Enxergo com clareza.
Ouço com clareza.
Minha audição é perfeita.
Meu equilíbrio é perfeito.
Meus ossos são fortes.
Toda manhã, quando acordo, meu corpo está plenamente repousado, relaxado e energizado.
Sou grata pela saúde sempre crescente do meu corpo.
Eu me sinto fantástica.
Eu me sinto incrível.
Estou bem. Estou bem. Estou bem.
Tenho uma vida longa, longa, longa, feliz, feliz, feliz, saudável, saudável.
Obrigada, obrigada, obrigada por minha saúde e meu bem-estar.

LIÇÃO 8

VOCÊ IMORTAL

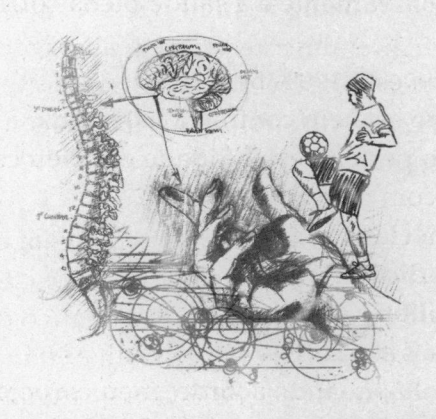

O físico quântico e ganhador do Nobel Richard Feynman disse: *"Até hoje não se encontrou nada na biologia que indique a inevitabilidade da morte. Isso sugere [...] que ela não é inevitável e que é só questão de tempo para os biólogos descobrirem o que nos causa esse problema."*

Os textos antigos dizem que as pessoas já viveram centenas e centenas de anos. Algumas viveram oitocentos anos, outras quinhentos ou seiscentos, mas a longevidade era comum. Então, o que aconteceu? As pessoas mudaram sua crença. Em vez de acreditar em viver centenas e centenas de anos, mudaram de crença com o passar das gerações e passaram a acreditar numa expectativa de vida reduzida.

Herdamos essas crenças na expectativa de vida reduzida, assim como crenças na inevitabilidade da doença e da deterioração do corpo. Desde o momento em que nascemos, a crença em quanto tempo podemos viver e em como o corpo muda com o tempo é costurada no tecido do nosso inconsciente. E, a partir daí, literalmente programamos nosso corpo desde pequenos para viver um certo período, e nosso corpo envelhece e se deteriora de acordo com o modo como o programamos.

Se puder, não crie um teto para o tempo em que pode viver. Basta que alguém rompa os limites da expectativa de vida e essa pessoa mudará o curso da expectativa de vida de toda a humanidade. Uma pessoa e mais outra se seguirão, porque, quando uma pessoa viver muito mais do que a expectativa de vida atual, outras pessoas acreditarão e sentirão que também conseguem, e conseguirão!

Você É Eterno

Na verdade, não *há* limites, e com certeza não os impostos pela saúde, pelo corpo ou mesmo pela morte. Muitos seres humanos têm medo da morte, mas a verdade é que o corpo pode acabar, mas somos *eternos*. Em nível físico, somos energia pura.

O que isso significa? Ora, quando decompomos essa afirmação, tudo no Universo é feito de energia, inclusive você. Comecemos com seu corpo; você tem seus membros e órgãos, suas células, suas moléculas e seus átomos. Então, no nível subatômico, tudo se torna energia. Você é feito de energia pura.

Como tudo isso nos torna eternos? Para mim, a resposta a essa pergunta é uma das partes mais magníficas dos ensinamentos do Segredo. Você é energia, e sabemos pela ciência que a energia nunca pode ser criada nem destruída, só pode mudar de forma. E isso significa você! Sua verdadeira essência, sua energia pura, sempre existiu e sempre existirá. Você nunca poderia *não* existir.

No fundo, você sabe disso. Consegue se imaginar não existindo? Apesar de tudo o que viu e vivenciou na vida, consegue se imaginar não existindo? Não consegue, porque é impossível. O ser humano não pode imaginar *não* existir. Podemos imaginar o corpo não vivo, mas simplesmente não conseguimos imaginar não existir. Por que você acha que é assim? Acha que é uma falha? Não é. Você não pode se imaginar não existindo porque é impossível você não existir! Se conseguisse imaginar, você poderia criar, e você nunca conseguiria criar isso! Você sempre existiu e sempre existirá, porque faz parte da criação. Você é energia eterna.

Então, o que acontece quando a pessoa morre? O corpo não deixa de existir, porque não há isso. Ele se integra aos elementos. E o ser que está dentro de você – o você *real* – também não cai na inexistência. A própria palavra *ser* lhe diz que você sempre será! Ao morrer, você não se torna um *sido* humano; do mesmo modo, antes de nascer você não é chamado de *será* humano! Você é um ser eterno que tem uma experiência humana temporária. Se parasse de existir, haveria um vazio no Universo, e o Universo todo poderia colapsar nesse vazio.

Somos inteligentes o suficiente para trocar um carro velho que não nos serve mais por um modelo mais novo que sirva aos nossos propósitos. Do mesmo modo, somos inteligentes o bastante para trocar o veículo do corpo quando ele não nos serve mais e começar a usar um modelo melhor e mais novo para continuar nossa jornada. O corpo humano e os carros são, ambos, veículos, e você é o motorista eterno.

Você pode ter saúde e felicidade ilimitadas neste corpo e nesta vida, mas nunca esqueça que você é a vida eterna que se exprime como você. Você é o Ser Infinito. Você é poder. Você é sabedoria. Você é inteligência. Você é perfeição. Você é magnificência. Você é o criador, e está criando sua criação neste planeta.

Resumo

O Segredo para a Saúde

Agora que conhece O Segredo, você tem sob seu comando o poder de mudar qualquer coisa, inclusive sua saúde. Por meio dos seus pensamentos, do processo criativo e dos outros processos poderosos descritos neste livro, você pode superar a doença, livrar-se do mal-estar, recuperar-se de lesões, melhorar sua forma física, conseguir seu corpo ideal ou manter a juventude eterna. Cabe a você.

Sua tarefa, em resumo, é ter clareza do que quer e se preparar para o Universo oferecer o caminho. Não tente prever nem forçar a solução e esteja aberto a todas as soluções. Permaneça concentrado no resultado final, na sua saúde, não em *como* você vai conseguir essa restauração. A lei da atração funciona dentro de você. Ela reage aos seus pensamentos. É aí que está seu poder.

Estamos muito acostumados a ficar correndo e agindo para entender, resolver ou eliminar nossos problemas. Estamos muito acostumados a nos concentrar em nossos problemas, mas agora você sabe que, se quiser se livrar dos seus problemas, inclusive os de saúde, tire sua mente do problema e concentre-a no que você quer! Você tem poder infinito no mundo exterior, mas só consegue fazer isso escolhendo se concentrar.

Como diz James Duigan, especialista australiano em bem-estar: "Se você não gosta de algo, tire dele seu único poder: sua atenção."

Finalmente, quero reiterar a importância de incorporar a orientação de um profissional médico gabaritado. Deixe que o profissional escolhido cuide dos sintomas e da manifestação física da doença enquanto você cuida da raiz de toda doença e de toda cura: seus pensamentos e sentimentos. Você tem, dentro de si, a capacidade mais poderosa de autocura e, quando usada em conjunto com as maravilhas da medicina tradicional ou alternativa, você conseguirá viver seu maior potencial.

Que a alegria e o bem-estar estejam com você.

Rhonda Byrne

O Segredo para o Dinheiro

Introdução

O Segredo para o Dinheiro

Antes de descobrir O Segredo, eu estava subindo pela escada do sucesso. Morava num belo apartamento, tinha um bom carro e uma empresa bem-sucedida. Depois de muitos anos de luta e sacrifício, achei que finalmente tinha conseguido: estava com a vida resolvida. Então, de repente, surgiram circunstâncias arrasadoras, uma atrás da outra, e em poucos meses toda a minha vida desmoronou. Minha empresa cambaleava à beira da falência, e tudo o que eu me esforçara tanto para conseguir escorria entre meus dedos. Caí em desespero, mas foi justo nesse momento que descobri um segredo que, além de salvar minha empresa, mudou tudo na minha vida.

Descobri que esse segredo era conhecido pelos maiores e mais bem-sucedidos indivíduos da história.

Quando comecei a integrar esse conhecimento à minha vida, desenvolvi uma mentalidade completamente diferente a respeito do dinheiro, mudando de forma radical minha situação financeira. Sei que qualquer coisa que eu consiga fazer você também consegue. Então, quando entender os princípios, você será capaz de mudar sua relação com o dinheiro.

Não importa se você nasceu na Índia, nos Estados Unidos, na Alemanha ou na África; as circunstâncias do seu início não ditam o tipo de vida que pode ter. Não são as condições da sua comunidade ou do mundo exterior que determinam se seus sonhos serão ou não realizados. Também não importa a riqueza da família em que você nasceu, seu grau de instrução, quem você conhece nem quanta experiência tem. Quando puser em prática esse conhecimento, você conseguirá realizar todos os seus sonhos, ter liberdade financeira e nunca mais se preocupar com dinheiro. Começará a sentir como é gozar da riqueza ilimitada – seu direito de nascença.

O Segredo para o dinheiro é a base da vida que você sempre quis e da vida que você merece. Todas as coisas boas são seu direito de nascença, e aqui está o guia para você criar o que quiser. Bem-vindo à magia da vida!

LIÇÃO 1

O Segredo do Dinheiro

Qual é o segredo do dinheiro?

Essa é a verdadeira pergunta de um milhão de dólares, porque, quando descobrir O Segredo do dinheiro, você conhecerá O Segredo da vida.

Não estou sugerindo que o dinheiro seja a coisa mais importante da vida – longe disso. Mas, quando conhecer O Segredo, você terá consciência de que pode ter *qualquer coisa* que quiser, inclusive felicidade, saúde, ótimos relacionamentos e, é claro, muito dinheiro.

A prosperidade é seu direito de nascença, e você tem nas mãos o acesso a mais abundância do que pode imaginar. Na verdade, sempre que se imagina vivendo com abundância, você rege sua vida pela mais poderosa lei natural: a lei da atração.

O Que É a Lei da Atração?

O Segredo é a lei da atração.

É essa a lei que determina a ordem do Universo, todos os momentos da sua vida, cada coisa que você passa na vida. É uma lei universal tão imparcial e impessoal quanto a lei da gravidade. E, como a gravidade, a lei da atração está sempre em vigor; está sempre acontecendo. Não importa quem você é nem onde está; a lei da atração forma toda a sua experiência de vida. Quer você saiba, quer não, é você quem põe em ação a lei da atração, e faz isso inteiramente pelo poder magnético dos seus pensamentos.

Quando concentra seus pensamentos em algo e mantém o foco, nesse momento você convoca a coisa em que está pensando com o poder mais forte do Universo. Com essa lei poderosíssima, seus pensamentos se tornam as coisas da sua vida. *Seus pensamentos se tornam coisas*. Diga isso para si e deixe que essas palavras se infiltrem em sua consciência e em sua percepção:

Seus pensamentos se tornam coisas!

Você é como um ímã. Você atrai todos os eventos e circunstâncias da sua vida. Quando se torna um ímã de riqueza, você atrai riqueza. Quando se torna um ímã de saúde, você atrai saúde. Quando se torna um ímã de amor, você atrai amor. Você magnetiza e recebe as circunstâncias de riqueza, saúde, amor, relacionamentos, emprego e cada evento e experiência da vida com base no que pensa. Tenha pensamentos positivos sobre dinheiro e magnetizará circunstâncias, pessoas e eventos positivos que lhe trarão mais dinheiro. Tenha pensamentos negativos sobre dinheiro e magnetizará circunstâncias, pessoas e eventos negativos que lhe trarão falta de dinheiro. A lei da atração é infalível e lhe dá cada coisa na vida com base no que você está pensando. Quando pensa "Não tenho dinheiro para isso", você continuará por lei a não ter dinheiro para as coisas. Quando pensa "Não tenho dinheiro suficiente", com toda a certeza você continuará a não ter dinheiro suficiente.

A Oferta Universal

Como em todas as leis da natureza, há total perfeição nessa lei. Você cria sua vida. Você colhe o que semeia! Seus pensamentos são sementes, e a colheita vai depender das sementes que você plantar.

Pense na lei da atração como a lei da oferta. É a lei que lhe permite sacar do estoque universal. O Universo é o fornecedor de tudo. Tudo vem do Universo e é entregue a você pela lei da atração por meio de pessoas, circunstâncias e eventos. Quando pensa no que quer, as pessoas, as circunstâncias e os eventos perfeitos lhe serão entregues, para que você receba o que quer. Eis um exemplo:

> *Uma mulher de 30 e poucos anos me escreveu para contar seu sonho de retribuir à comunidade e ajudar os jovens a atingir suas metas. Ela tomou a decisão de mudar de carreira e voltar a estudar para se tornar professora. Enquanto estudava à noite, foi trabalhar como professora substituta durante o dia na escola de ensino médio de um bairro pobre local. O salário era péssimo, as turmas, imensas, e os alunos a xingavam e a agrediam diariamente. Enquanto isso, ela sofria para pagar o pesadíssimo crédito estudantil e a fatura do cartão de crédito. Costumava chorar à noite, sobrecarregada com tudo isso, mas nunca perdeu seu sonho de vista. Então, surgiu a oportunidade de dar aulas numa escola de inglês no Japão. Prometeram-lhe turmas pequenas de alunos entusiasmados e também lhe ofereceram um apartamento. Ela aproveitou a oportunidade. O único problema agora era que tinha de pagar suas dívidas de quase 40 mil dólares para poder se mudar. Então, aplicou a lei da atração e, primeiro, preencheu um cheque a si mesma no valor de 40 mil dólares. Aí, tirou 200 dólares do banco em dinheiro e contou as cédulas várias vezes, até chegar a 40 mil. Ela fez isso todos os dias, até grandes quantias*

*realmente começarem a chegar. Duas semanas antes
da viagem ao Japão, ela recebeu um cheque de 12 mil
dólares da avó, que estava orgulhosa dela. Depois, foi
informada de que 17 mil dólares tinham sido abatidos
do crédito estudantil, por causa das aulas que dera no
bairro carente. Finalmente, do nada, recebeu de um
ex-patrão o pagamento de uma antiga dívida de 10
mil dólares por um serviço que tinha lhe prestado uma
década antes. Em questão de dias, ela obteve o dinheiro
de que precisava e, por ter atraído as pessoas, as
circunstâncias e os eventos perfeitos para pagar suas
dívidas, foi ao Japão viver seu sonho.*

Agora que sabe que tudo vem do Universo e que o Universo é o fornecedor de todas as coisas pela lei da atração, você tomará muito cuidado com seus pensamentos quando lidar com dinheiro. Seus pensamentos sobre dinheiro atraem dinheiro para você ou mantêm o dinheiro afastado.

Atraia Abundância em Vez de Escassez

Muita gente atraiu riqueza para sua vida usando O Segredo, consciente ou inconscientemente. Essas pessoas têm pensamentos de riqueza e abundância e não permitem que pensamentos contraditórios lancem raízes na sua mente. Seus pensamentos predominantes são de riqueza. Só conhecem riqueza, e a escassez não existe na sua mente. Saibam ou não disso, foram seus pensamentos predominantes de riqueza que lhes trouxeram a riqueza. É a lei da atração em funcionamento.

A razão para não ter dinheiro suficiente é que as pessoas *bloqueiam* com seus pensamentos a chegada do dinheiro. Todo pensamento negativo *bloqueia* a chegada do bem, e isso inclui o dinheiro. Não é que o Universo afaste o dinheiro de você, porque todo o dinheiro de que você precisa existe agora mesmo no invisível. Se não tem o suficiente, é porque você está impedindo que o fluxo de dinheiro chegue até você com seus pensamentos. Você precisa pensar menos em falta de dinheiro e pensar mais que tem dinheiro mais do que suficiente. Pense mais na abundância do que na escassez.

Em resumo, quando se imagina vivendo com abundância, você determina sua vida pela lei da atração, de forma consciente e poderosa. É fácil assim. Mas aí a pergunta mais óbvia passa a ser: por que todo mundo não tem a vida dos sonhos? Simplesmente porque pensam mais no que não querem do que no que querem. Preste atenção nos seus pensamentos e nas palavras que disser. A lei da atração é absoluta e não há erros.

A Recessão do "Não Quero"

Uma recessão econômica pior do que qualquer estouro da Bolsa de Valores que o mundo já viu vem nos assolando há séculos. É a recessão do "não quero". As pessoas mantêm essa recessão viva quando pensam, falam, agem e se concentram predominantemente no que "não querem". Mas esta é a geração que mudará a história, porque estamos recebendo o conhecimento que pode nos libertar! Começa com você, que pode se tornar o pioneiro desse novo movimento das ideias simplesmente falando e pensando sobre o que quer.

Quando concentra seus pensamentos no que não quer, e mantém seu foco ali, nesse momento você convoca o que não quer com o poder mais forte do Universo. A lei da atração não entende o "não" nem outras palavras de negação. Quando diz palavras de negação, a lei da atração recebe a mensagem contrária.

Por exemplo, quando diz "Não quero perder meus clientes".

A lei da atração ouve *"Quero perder meus clientes"*.

Quando diz "Não quero perder meu emprego".

A lei da atração ouve *"Quero perder meu emprego"*.

Quando diz "Não quero receber mais boletos agora".

A lei da atração ouve *"Quero receber mais boletos agora"*.

Quando diz "Não quero que minha empresa feche".

A lei da atração ouve *"Quero que minha empresa feche"*.

Quando diz "Não quero perder todo o meu dinheiro".

A lei da atração ouve *"Quero perder todo o meu dinheiro"*.

Quando diz "Não quero sofrer uma auditoria da Receita".

A lei da atração ouve *"Quero sofrer uma auditoria da receita"*.

A lei da atração lhe dá o que você está pensando... e ponto-final!

Você vai se surpreender ao descobrir como a lei da atração pode ser literal.

Um jovem casal tinha um grande desejo de conquistar a casa própria.

Mas a esposa sempre dizia que não queria de jeito nenhum uma casa "quadrada". É claro que todos temos preferências de estilo, e essa mulher tinha uma especial aversão à arquitetura modernista, com suas linhas retas. Bom, o Universo conspirou para entregar a esse casal a oportunidade de comprar a primeira casa, em uma oferta irrecusável. O problema era que o imóvel era todo quadrado, parecendo uma caixa. E a lição dessa história é: quando você se concentra no que não quer, é exatamente isso que o Universo lhe entrega. O que você não quer.

Seja qual for sua situação financeira atual, você a tornou real por meio dos seus pensamentos. Se não é o que quer, então você a criou inconscientemente, mas mesmo assim a criou. Quando entender isso, você compreenderá seu poder de criar. E agora só é preciso criar o que você quer, conscientemente!

Para atrair dinheiro, você tem que se concentrar conscientemente na riqueza.

Nunca Diga "Não Tenho Dinheiro para Isso!"

Como já mencionei, é comum, quando pensam nas coisas de que gostam, as pessoas se sabotarem pensando "Não tenho dinheiro para isso".

É impossível trazer mais dinheiro para sua vida quando você nota que não tem o suficiente, porque isso significa que você tem *pensamentos* de não ter o suficiente. Concentre-se em dinheiro insuficiente e criará inúmeras circunstâncias de dinheiro insuficiente. Para atrair mais dinheiro, você tem que se concentrar na abundância de dinheiro para trazê-la a si. Você não pode trazer nada para sua vida concentrando-se em sua falta.

Se as palavras "Não tenho dinheiro para isso" passaram por seus lábios, saiba que tem o poder de mudar isso *agora*. Troque por "Tenho dinheiro para isso! Posso comprar!". Diga isso várias e várias vezes. Vire um papagaio. Nos trinta dias seguintes, olhe tudo de que gosta e diga a si mesmo: "Tenho dinheiro para isso. Posso comprar." Quando vir passar o carro dos seus sonhos, diga "Tenho dinheiro para isso". Quando vir roupas que adora ou pensar em ótimas férias, diga "Tenho dinheiro para isso". Assim, você começará a mudar a si mesmo e a se *sentir* melhor a respeito do dinheiro. Comece convencendo-se de que tem dinheiro para essas coisas e, ao mesmo tempo, as imagens da sua vida mudarão.

Você tem que emitir uma nova mensagem com seus pensamentos, e esses pensamentos devem ser de que você já tem mais do que o suficiente. Realmente é preciso pôr a imaginação para trabalhar e fazer de conta que já tem o dinheiro que quer. E isso é divertidíssimo de fazer! Você notará, enquanto finge e brinca de ser rico, que se sente imediatamente melhor a respeito do dinheiro, e, conforme se sente melhor, ele começará a entrar em sua vida.

Se acredita que tem se concentrado na abundância financeira mas nenhum dinheiro apareceu, isso não significa que a lei da atração não esteja funcionando. Você nem pode dizer que a lei da atração não está funcionando, porque ela funciona o tempo todo. Cada um de nós atrai as coisas em cada momento da vida. Se não tem o que quer, você está vendo o efeito do seu uso da lei da atração. Se não tem o que quer e está observando que *não tem* o que quer e pensa sobre *não ter* o que quer, então você está criando o fato de *não ter* o que quer. Você atrai o que quer ou a ausência do que quer. Você está sempre criando, e a lei sempre reage a você. E isso porque a lei é exata, a lei é precisa e nunca falha. Quando parece que não está funcionando, pode ter certeza de que não é a lei que está falhando. Quando parece que a situação não é a desejada, é sempre porque a pessoa não está usando a lei corretamente.

Isso é uma ótima notícia! Não é preciso treino para andar? Não é preciso treino para dirigir?

O treino é tudo o que está entre você e uma vida de abundância e prosperidade!

Quanto Tempo Leva?

Enquanto você se mantém concentrado no que quer em vez de observar que *não tem* o que quer, é comum perguntar-se: "Quanto tempo leva para o dinheiro chegar?"

Não há tempo para o Universo, assim como não há tamanho para o Universo. É tão fácil concretizar um dólar quanto um milhão de dólares. O processo é o mesmo, e a única razão para um vir mais depressa e o outro levar mais tempo é porque você pensou que um milhão de dólares era muito dinheiro e que um dólar não era muita coisa.

Quando pensa que algo é grande demais, na verdade você está dizendo à lei da atração: "Isso é tão grande que vai ser difícil de conseguir e, provavelmente, vai levar muito tempo." E você estará certo, porque o que você pensa é o que vai receber. Se pensa que seu desejo é muito grande, você criará dificuldade e levará mais tempo para receber o que quer. Mas não há grande nem pequeno para o Universo, e para ele o tempo não existe.

Para ajudá-lo a ter a verdadeira perspectiva da criação, por maior que seu desejo lhe pareça, pense nele do tamanho de um ponto! Você pode querer uma casa, um carro, férias, um milhão de dólares... Não importa o que queira, pense nisso do tamanho de um ponto, porque, para o Universo, o que você quer é menor do que um ponto!

Comece com Algo Pequeno

Para começar na jornada da lei da atração, tente atrair algo pequeno, como uma xícara de café.
A maioria consegue manifestar rapidamente as coisas pequenas. Isso acontece porque não temos tanta resistência à habilidade de atrair coisas pequenas e porque é menos provável termos pensamentos contraditórios.

Para um homem, atrair algo pequeno bem depressa se tornou uma questão de necessidade. Ele tinha acabado de chegar em casa do trabalho e a mulher lhe disse que não havia mais dinheiro para comprar comida e que teriam de pedir 20 dólares emprestados à mãe dela para aguentarem até o dia do pagamento. Por orgulho, ele lhe disse que não se preocupasse, pois tinha deixado 20 dólares no trabalho. Era uma mentirinha; não havia esse dinheiro no trabalho, pelo menos não que ele soubesse. Quando se deitou naquela noite, aplicou a lei da atração e imaginou os 20 dólares. Só para ter certeza, ele imaginou a nota com o número 500 escrito em caneta azul.

No dia seguinte, ele foi trabalhar confiante no fato de que receberia seus 20 dólares de algum modo. Perto da hora do almoço, o gerente do RH desceu para falar com ele e lhe dizer que tinha ganhado 20 dólares na loteria interna da firma. Quando lhe entregaram o prêmio, havia o número 500 escrito em azul na nota.

Se seu desejo é atrair dinheiro, comece atraindo uma nota de 20 marcada, como esse homem fez. Ou que seja uma moeda de prata, de ouro ou uma moedinha nova e brilhante. Qualquer coisa *específica* serve, para que você possa reconhecê-la quando a atrair. Concentre-se, por exemplo, numa moeda brilhante, mas não se preocupe com o modo como ela chegará a você. Pode lhe ser dada de troco, você pode achá-la no bolso, atrás da almofada do sofá ou no chão da rua. Realmente não importa como a moeda brilhante vai lhe chegar; se você se concentrar na moeda, o Universo moverá pessoas, circunstâncias e eventos para entregá-la a você.

Começar com algo pequeno como uma moeda brilhante é um jeito fácil de sentir a lei da atração em funcionamento. Quando sentir seu poder de atrair, você passará a criar coisas muito maiores.

Se as coisas maiores que deseja incluem quantias substanciais, então, exatamente como a moeda brilhante, você não precisa se preocupar em como esse dinheiro vai lhe chegar. Se antes acreditava que a única maneira de o dinheiro chegar era pelo emprego, abandone essa ideia imediatamente. Consegue ver que, enquanto continua acreditando nisso, essa terá que ser sua experiência? Essas ideias não lhe servem. Portanto, não limite as maneiras pelas quais o dinheiro pode chegar. Em vez disso, concentre seus pensamentos na riqueza, e não na falta ou na escassez, só assim você estará avançado no caminho da prosperidade.

LIÇÃO 2

Sentimentos a Respeito do Dinheiro

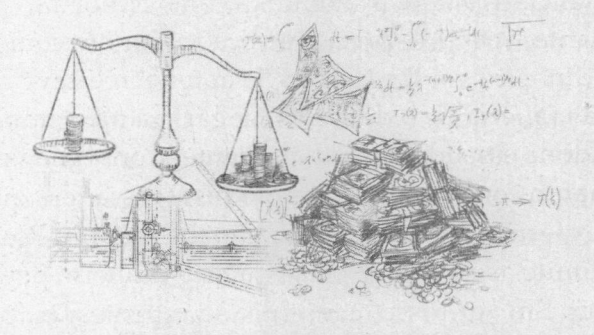

Você cria sua vida com seus pensamentos. Como está sempre pensando, você está sempre criando. Assim, aquilo em que mais pensa ou mais se concentra é o que aparecerá na sua vida.

Isso significa que sua vida agora é um reflexo dos seus pensamentos *passados*. Pense em todas as coisas boas da sua vida. Agora, perceba que você trouxe todas elas. Seus pensamentos moveram as energias do Universo para lhe trazer todas essas coisas boas.

É óbvio que o inverso também é verdadeiro. Todas as coisas que as pessoas consideram ruins em sua vida – dívida crescente, contas atrasadas ou não ter dinheiro suficiente para o aluguel – foram atraídas por seus pensamentos.

Bom, sei como isso soa, e com toda a certeza todos sabemos que ninguém jamais atrairia deliberadamente coisas indesejadas, principalmente dificuldades financeiras. Mas, sem o conhecimento do Segredo, é fácil ver como algumas coisas indesejadas podem ter ocorrido na sua vida ou na vida dos outros. Elas vieram simplesmente da falta de consciência do grande poder criativo do pensamento.

A questão é que sua vida está em suas mãos. Não importa onde você esteja agora, não importa o que aconteceu no passado; você pode começar a escolher conscientemente seus pensamentos e mudar sua vida.

Para quem enfrenta uma montanha de dívidas, essa pode ser a melhor notícia desde muito tempo: ao escolher conscientemente *só pensamentos positivos* sobre dinheiro, você pode superar qualquer dificuldade financeira. Lembre-se: nada virá à sua experiência se você não o convocar com pensamentos persistentes.

No entanto, as pesquisas científicas mostram que temos cerca de 60 mil pensamentos por dia. Com tantos pensamentos, como saber quais são positivos e quais são negativos?

Pelos sentimentos! Seus sentimentos lhe dizem bem depressa o que você está pensando. Sempre que pensar no que quer e ama, você se sentirá bem.

Mas é claro que o inverso também é verdadeiro. Pense numa vez em que seus sentimentos de repente despencaram – talvez quando recebeu um boleto com valor tão alto que não tinha como pagar. Aquela sensação na barriga ou no plexo solar foi instantânea. Esses sentimentos são sinais imediatos de que seus pensamentos são negativos.

Portanto, é bom ter consciência de como está se sentindo e se sintonizar com seus sentimentos, porque esse é o jeito mais rápido de saber o que você está pensando. E, quando souber o que está pensando, você saberá o que está atraindo.

Sinta-se Bem com o Dinheiro

Quando se sentir bem ao pensar em dinheiro, você receberá circunstâncias e experiências financeiras positivas. Mas, caso se sinta mal ao pensar em dinheiro, talvez por não ter o suficiente, então você receberá circunstâncias e experiências negativas de não ter dinheiro suficiente. Esses sentimentos negativos são um sinal seguro de que seus pensamentos sobre dinheiro são negativos e permitem prever o que você está atraindo.

> *Para uma moça, as altas dívidas contraídas com o conserto do carro a forçaram a trabalhar em três empregos sem futuro que a deixavam péssima e frustrada. Por mais que trabalhasse, parecia que nunca tinha dinheiro suficiente. Finalmente, ela conseguiu*

*juntar o bastante e estava a caminho de pagar a
última prestação da oficina quando o carro quebrou
novamente. Isso a fez mergulhar mais ainda nas dívidas,
resultando em ainda mais pensamentos e sentimentos
negativos. Instintivamente, ela sabia que a única
maneira de sair daquele círculo de negatividade era ter
pensamentos melhores e se sentir bem. Decidiu largar
dois dos empregos e usar suas economias para pagar as
contas enquanto tentava se sentir melhor.*

*Pouco tempo depois, apareceu uma oportunidade de
emprego num estabelecimento varejista. Quanto mais
ela examinava a proposta, mais via que era o emprego
dos seus sonhos e que era perfeitamente qualificada. No
entanto, teria que enfrentar outros candidatos, passar
por várias rodadas de entrevistas e uma apresentação
completa para os diretores da empresa. Com sua nova
postura positiva e bons sentimentos a respeito de si
mesma, ela conseguiu se destacar dos outros candidatos
e conquistar a vaga. Ficou felicíssima ao descobrir que
o salário era bem mais alto do que esperava e conseguiu
pagar rapidamente todas as dívidas. Agora ela pode levar
a vida que sempre quis, tudo isso graças ao seu foco em
se sentir bem, quaisquer que fossem as circunstâncias.*

O mais importante de você saber é que bons
sentimentos estão sempre associados a bons
pensamentos e que maus sentimentos estão sempre
associados a maus pensamentos. É impossível se sentir
mal e, ao mesmo tempo, ter bons pensamentos. Isso
desafiaria a lei da atração, porque seus pensamentos
dão origem aos seus sentimentos. Se está se sentindo

ansioso por causa de sua situação financeira, é porque você está tendo pensamentos que o deixam ansioso.

Quando se sente ansioso com o dinheiro e não faz qualquer esforço para mudar seus pensamentos e se sentir melhor, na verdade você diz: "Traga-me mais circunstâncias financeiras que me deixarão ansioso. Pode trazer!"

Do mesmo modo, é impossível se sentir bem a respeito do dinheiro e, ao mesmo tempo, ter pensamentos negativos. Se estiver se sentindo bem, é porque está com bons pensamentos.

Quando tem bons pensamentos, você emite uma frequência poderosa que atrai de volta mais coisas boas que farão você se sentir bem. Tenha consciência de que, quando se sente bem, você atrai poderosamente para si *todas* as coisas boas – inclusive dinheiro.

Um Atalho para a Riqueza

Quero lhe contar um segredo do Segredo. O atalho para o que você quiser na vida é *ser* e *se sentir* feliz agora! É a maneira mais rápida de trazer dinheiro e tudo o que quiser para sua vida. Concentre-se em irradiar pelo Universo esses sentimentos de alegria e felicidade. Quando faz isso, você está inevitavelmente com pensamentos de alegria e felicidade e atrairá para você todas as coisas que lhe dão alegria e felicidade.

Além de abundância de dinheiro, isso também vai trazer tudo o mais que você quer. A lei da atração reflete seus pensamentos e sentimentos mais íntimos nas imagens e experiências da sua vida.

Em poucas palavras, sentir-se feliz agora é a maneira mais rápida de trazer dinheiro e tudo o mais que você quer para sua vida.

Se for como a maioria, você leva a vida dizendo para si: "Serei feliz quando tiver mais dinheiro", "Serei feliz quando tiver uma casa melhor", "Serei feliz quando arranjar um emprego ou for promovido", "Serei feliz quando meus filhos terminarem a faculdade" ou "Serei feliz quando puder viajar". Se assim for, você nunca terá essas coisas, porque seus pensamentos estão questionando a lei da atração.

Você tem que ficar feliz primeiro para receber coisas felizes! Não é possível acontecer de outro modo, porque o que quiser receber na vida você terá primeiro que irradiar para o Universo por meio de seus pensamentos e sentimentos! Você não consegue controlar *todos* os seus pensamentos, mas comanda seus sentimentos e pode mudar o jeito como se sente em qualquer situação, não importa o que aconteça ao seu redor.

Quando muda o jeito como se sente em relação a uma situação, essa situação terá que mudar para refletir seus novos pensamentos e sentimentos. Se algo negativo aconteceu em sua vida, você pode mudar a situação mudando o jeito como se sente. Nunca é tarde demais, porque você sempre pode mudar o jeito como se sente. Para receber o que deseja, para transformar qualquer coisa no que você deseja, não importa o quê, só é preciso mudar o jeito como se sente!

Talvez você queira viajar, mas se ficar desapontado por não poder viajar, você continuará recebendo circunstâncias decepcionantes em que não pode viajar até mudar seu modo de sentir. A lei da atração mudará todas as circunstâncias para você viajar, mas é preciso se *sentir bem* com as viagens para recebê-las.

O dinheiro não é diferente. Você tem de se *sentir bem* com o dinheiro para atrair mais dinheiro.

Como você se sente a respeito do dinheiro?

A maioria dirá que se sente bem, mas, se não tiver o suficiente, não vai se sentir nada bem a esse respeito. Se alguém tem todo o dinheiro de que precisa, então é quase certo que se sente bem com o dinheiro. Portanto, você sabe como se sente a respeito do dinheiro, porque, se não tem tudo de que precisa, então não se sente bem. Isso é importante, porque sua situação financeira nunca mudará enquanto você não se sentir bem a respeito do dinheiro. Na verdade, aqueles sentimentos negativos a respeito do dinheiro impedem que mais dinheiro chegue a você! Pior ainda, aqueles sentimentos negativos a respeito do dinheiro atraem circunstâncias negativas, como contas altas ou defeitos em coisas, que são circunstâncias que drenam seu dinheiro. Quando reage com sentimentos negativos a uma conta alta, você libera mais sentimentos negativos a respeito do dinheiro, que trazem ainda mais circunstâncias negativas que drenam mais dinheiro de você.

É preciso interromper esse ciclo, e você o interrompe começando a se sentir bem com o dinheiro. Quando muda o jeito como se sente a respeito do dinheiro, a quantidade de dinheiro em sua vida também vai mudar. Quanto melhor você se sentir a respeito do dinheiro, mais dinheiro atrairá para si.

Uma Brincadeira para se Sentir Bem com o Dinheiro

Eis uma brincadeira para você se lembrar de se sentir bem com o dinheiro toda vez que o manusear. Imagine uma cédula de qualquer valor. Imagine a frente da nota como o lado positivo, que representa muito dinheiro. Imagine o verso da nota como o lado negativo, que representa falta de dinheiro. Toda vez que mexer com dinheiro, vire as notas de propósito para ficarem de frente para você. Ponha as notas na carteira com a frente virada para você. Quando entregar alguma nota, veja se a frente está para cima. Assim, você usa o dinheiro como uma dica para lembrá-lo de se sentir bem a respeito do dinheiro.

Aproveite todo momento em que lidar com dinheiro para multiplicá-lo se sentindo bem. Sinta-se bem quando pagar qualquer coisa! Sinta-se bem quando der dinheiro! Sinta-se bem com aquilo pelo que está pagando e não se ressinta do fato de que agora tem menos dinheiro. Sinta-se bem com tudo o que o dinheiro traz à sua vida. Sinta-se bem com os mantimentos. Sinta-se bem com as roupas que usa. Sinta-se bem com o combustível e o carro que dirige. Sinta-se bem com a casa onde mora. Sinta-se bem com a luz, o telefone e a água.

Lembre-se sempre de que está recebendo bens e serviços valiosos em troca do seu dinheiro e que isso deve fazer você se sentir bem.

Quando se sente bem com as coisas que está comprando, você se sentirá bem com o dinheiro que está usando para pagar, em vez de se sentir mal porque tem menos dinheiro.

Maneiras de se Sentir Bem com as Contas

Se você não tem muito dinheiro, provavelmente receber boletos não fará você se sentir bem. Mas, no momento em que reage negativamente a uma conta alta, esses maus sentimentos vão garantir que você continue a atrair mais contas. Quando pagar suas contas, o mais importante é dar um jeito, qualquer jeito, de se sentir bem. Nunca pague contas quando não se sentir bem, porque você só atrairá contas ainda mais altas.

Você precisa encontrar um jeito de se concentrar na prosperidade, *apesar* de todos os boletos. É preciso dar um jeito de se sentir bem para trazer o bem para você.

Para mudar o modo como se sente, você precisa usar a imaginação e transformar as contas em algo que faça você se sentir melhor. Você pode imaginar que não são contas de verdade e que você decidiu doar dinheiro às empresas ou pessoas porque é bondoso, ou porque elas lhe prestaram um serviço maravilhoso.

Criei um jogo que me ajudou a mudar meus sentimentos a respeito da minha pilha de contas: fingir que eram cheques. Quando as abria, pulava de alegria e dizia "Mais dinheiro para mim! Obrigada, obrigada." Pegava cada boleto, imaginava que era um cheque e lhe acrescentava um zero na mente para que ficasse ainda maior. Arranjei um caderno e escrevi "Recebi" no alto da página, e aí listava a quantia das contas com um zero a mais. Ao lado de cada quantia, eu escrevia "Obrigada" e saboreava o sentimento de gratidão por recebê-la – a ponto de ficar com lágrimas nos olhos. Então, eu pegava cada boleto, que parecia bem pequeno comparado ao que eu imaginara receber, e o pagava na mente com gratidão até receber recursos suficientes para pagar de verdade.

Eu só abria as contas depois de entrar na sensação de que eram cheques. Se abrisse as contas antes, sentia um frio na barriga ao abri-las. Eu sabia que essa sensação traria ainda mais contas. Sabia que tinha de apagar aquele sentimento, aquele medo, e substituí-lo por sentimentos alegres para trazer mais dinheiro à minha vida. Diante da pilha de boletos, essa brincadeira funcionou comigo e mudou minha vida.

Naturalmente, eu adoraria ter aprendido isso antes, portanto é sempre um prazer saber que jovens usam O Segredo para superar suas dificuldades com dinheiro.

> *Para um rapaz recém-formado na faculdade, o estresse de pagar as prestações mensais do crédito estudantil estava se tornando uma fonte constante de ansiedade. Conseguir os 494 dólares todo mês já seria difícil na melhor das situações, mas, quando perdeu o emprego, ele não soube mais como pagar. Foi quando decidiu aplicar a lei da atração e acabar com esse ciclo de preocupação com dinheiro que o fazia sofrer todo mês. Em vez de se estressar pensando onde arranjar o dinheiro, ele fez um esforço para mudar sua energia de negativa para positiva. Sempre que pensava sobre o pagamento, simplesmente imaginava um rosto sorridente e amistoso que lhe entregava exatos 494 dólares.*
>
> *Pouco depois, lhe ofereceram um serviço de segurança num bar durante um feriado. Não era um serviço bem pago e ele teria que trabalhar numa longa jornada controlando uma multidão festiva e barulhenta. Mas, sem nada melhor à vista, aceitou o serviço. O fim de semana chegou e ele se surpreendeu ao ver como gostou da tarefa. Na verdade, nem pareceu um trabalho, pois ele encontrou muitos amigos e se divertiu.*
>
> *Quando o fim de semana terminou, depois que o bar fechou, o pessoal se reuniu para tomar alguma coisa*

juntos. Foi então que o gerente do bar se aproximou dele e lhe entregou um envelope que continha sua parte das gorjetas do fim de semana. Melhor ainda: lhe ofereceu serviço regular pelo resto do verão. O recém-formado aceitou alegremente. Mais tarde, quando contou as gorjetas, espantou-se ao encontrar 494 dólares; ele concretizara a quantia exata de que precisava, e ela chegou da mesma maneira que imaginara, com um rosto feliz e sorridente lhe entregando o dinheiro. Tudo porque ele mudou o jeito como se sentia, de preocupação com dinheiro a se sentir bem.

O Medo e a Lei da Atração

Se você tem sentimentos a respeito do dinheiro que envolvem preocupação e até medo, é claro que não pode receber mais dinheiro. A lei da atração diz que os iguais se atraem, e se você sente medo da sua situação financeira, então vai deparar com mais situações que continuarão a fazer você ter medo ao pensar em dinheiro.

O medo é uma das emoções mais debilitantes, mas a verdade é que todos podemos ter uma vida sem medo. O segredo da alegria e da liberdade absolutas é abrir mão do medo. Quando entender que o medo deixa você na frequência que atrai para sua vida mais circunstâncias e eventos assustadores, você verá como é importante mudar. As pessoas têm medo de perder o emprego, de não conseguir pagar as contas, da hipoteca, e a lista continua. Mas o medo dessas coisas, na verdade, as convoca até nós. A lei da atração é impessoal, e aquilo em que concentramos nosso sentimento vem até nós.

Um exemplo perfeito que demonstra o medo e a lei da atração em funcionamento é o seguinte: você deve conhecer alguém que tinha uma riqueza imensa, perdeu tudo e, em pouco tempo, voltou a ter uma riqueza imensa. O que acontece em casos assim, quer a pessoa saiba, quer não, é que os pensamentos dominantes estavam na riqueza; foi assim que a pessoa a conseguiu pela primeira vez. Então, a pessoa permitiu que pensamentos amedrontados sobre perda da riqueza entrassem em sua mente, até que esses pensamentos de perda se tornassem dominantes. Ela deixou de ter pensamentos de riqueza e passou a ter pensamentos de perda, e perdeu tudo. Mas, depois de perder, o medo da perda desapareceu, e ela começou de novo a ter pensamentos dominantes de riqueza. E a riqueza retornou.

A lei responde aos seus pensamentos, sejam eles quais forem. Quando vierem pensamentos amedrontados, expulse-os imediatamente. Mande-os embora e substitua-os por qualquer coisa que faça você se sentir bem.

De acordo com O Segredo, você pode ter, ser ou fazer o que quiser na vida, sem limite. Mas há uma pegadinha: você tem que se sentir bem. E, pensando nisso, não é exatamente o que você mais quer? A lei da atração é mesmo perfeita.

LIÇÃO 3

A Mentalidade da Riqueza

Agora que você conhece O Segredo, quando vir alguém rico você saberá que os pensamentos predominantes daquela pessoa estão na riqueza e não na falta. Ela atraiu riqueza para si pela lei da atração, não importa se consciente ou inconscientemente. Concentrou-se em pensamentos de riqueza, e o Universo moveu pessoas, circunstâncias e eventos para lhe entregar riqueza. A riqueza que essa pessoa tem você também pode ter. A única diferença entre você e ela é que ela teve os pensamentos que lhe levaram à riqueza. Sua riqueza espera por você no invisível; para trazê-la para o visível, pense em riqueza!

No entanto, atrair riqueza com a lei da atração não significa necessariamente que você manterá essa riqueza. Isso acontece porque fazer a riqueza ficar com você exige constância nos pensamentos. É a diferença entre só pensar em dinheiro quando precisa dele e mudar toda a sua relação com o dinheiro para mudar seu jeito de viver.

O que quero dizer com isso?

Tudo bem. Imagine que você é rico agora. Imagine que tem todo o dinheiro de que precisa. Como você levaria sua vida de forma diferente? Pense em todas as coisas que faria. Como se sentiria? Você se sentiria diferente e, por se sentir diferente, andaria de um jeito diferente. Falaria de um jeito diferente. Manteria o corpo numa postura diferente e se moveria de um jeito diferente. Reagiria de forma diferente a tudo. Sua reação aos boletos seria diferente. Sua reação a pessoas, circunstâncias, eventos e tudo na vida seria diferente. Porque você se *sentiria* diferente! Ficaria relaxado. Teria paz de espírito. Você se sentiria feliz. Teria tranquilidade em tudo. Apreciaria cada dia, sem se preocupar com o amanhã.

A razão de você andar, falar, se sentir e viver de forma diferente é que, fundamentalmente, você seria diferente.

A diferença entre quem tem dificuldades financeiras e quem tem uma vida fabulosa de riqueza se resume a uma coisa: a *mentalidade*.

Mentalidade de Riqueza e Mentalidade de Pobreza

As pessoas felizes e bem-sucedidas pensam mais nas boas coisas que podem acontecer, pensam mais em ter felicidade, dinheiro e criar uma vida rica e significativa do que no oposto. Elas têm uma mentalidade de *riqueza*.

As pessoas com dificuldades usam, sem querer, a imaginação para o que não querem e sentem a negatividade do que estão imaginando. Em geral, ficam sobrecarregadas com pensamentos e temores de falta e dificuldade. Elas têm uma mentalidade de *pobreza*.

A mentalidade é uma coisa simplíssima, mas cria uma diferença enorme na vida das pessoas.

Ela explica por que poucas pessoas detêm a maior parte da riqueza do mundo. Essas pessoas, além de atrair o dinheiro para si, também fizeram o dinheiro ficar com elas. Se você pegar todo o dinheiro do mundo e distribuir igualmente entre todas as pessoas, em pouco tempo todo o dinheiro estará de volta às mãos daquelas poucas pessoas. Isso acontece porque a lei da atração reage à mentalidade de riqueza, e assim as poucas pessoas com mentalidade de riqueza atrairão o dinheiro de volta. A lei da atração move todo o dinheiro e todas as riquezas do mundo rumo à mentalidade de riqueza.

Vemos a lei da atração e a mentalidade de riqueza funcionando juntas quando as pessoas ganham na loteria. Esses ganhadores imaginaram e sentiram com todo o coração que ganhariam na loteria. Falavam sobre *quando* ganhassem na loteria, não *se* ganhassem na loteria, e planejaram e imaginaram o que fariam *quando* ganhassem. Acreditaram que ganhariam e ganharam! Mas a estatística dos ganhadores da loteria mostra a diferença entre ter mentalidade de riqueza e mentalidade de pobreza. Poucos anos depois de ganhar, a maioria perdeu todo o dinheiro e está mais endividada do que antes.

Isso acontece porque essas pessoas usaram a lei da atração para ganhar na loteria, mas quando receberam o dinheiro não mudaram a mentalidade e perderam tudo.

Quem tem mentalidade de pobreza repele o dinheiro. Mesmo quando a pessoa ganha um dinheiro extra que não esperava receber, em pouco tempo parece que ele escorre por entre os dedos. Chegam contas mais altas, as coisas dão defeito e ocorrem imprevistos de todo tipo, e isso drena o dinheiro e o tira de suas mãos.

Então por que tanta gente tem mentalidade de pobreza? Não é só porque nunca tiveram dinheiro, pois muitas pessoas riquíssimas começaram sem nada. A razão de tanta gente ter mentalidade de pobreza é que elas alimentam crenças negativas no dinheiro, e essas crenças negativas foram ensinadas ao inconsciente quando essas pessoas eram crianças. Crenças como "Não temos dinheiro para isso", "O dinheiro é cruel", "Os ricos são desonestos", "Querer dinheiro está errado, não é espiritual", "Ter muito dinheiro exige muito trabalho".

A criança aceita quase tudo o que os pais, os professores e a sociedade dizem. Assim, sem perceber, se for como a maioria, você cresceu com uma mentalidade negativa a respeito do dinheiro. A ironia é que, ao mesmo tempo que lhe dizem que querer dinheiro é errado, também lhe dizem que você tem que ganhar a vida, mesmo que isso exija fazer o que não gosta. Talvez tenham lhe dito até que só há alguns jeitos de ganhar a vida – que a lista é limitada.

Nada disso é verdade. As pessoas que lhe disseram essas coisas são inocentes, porque só transmitiram aquilo em que acreditavam e que sentiam ser verdade, e, como acreditavam, a lei da atração tornou tudo isso verdadeiro na vida delas.

> *Essa foi a experiência de vida de um rapaz de família operária que sonhava em se tornar redator. Apesar do destaque na escola, ele foi criado para acreditar que as melhores oportunidades estavam reservadas aos ricos e bem relacionados. Assim, ele saiu da escola e foi trabalhar numa fábrica, onde passou nove longos anos na linha de produção. Detestava o trabalho, e os colegas, em geral, eram irritados e desagradáveis. Enquanto isso, ele se candidatou a muitos empregos que exigiam criatividade, mas sempre lhe diziam que ele não tinha*

formação e experiência. Ele procurou saber o que deveria estudar para se tornar um redator, mas, diante de tanta negatividade sobre sua situação financeira, convenceu--se de que nunca poderia pagar as mensalidades dos cursos necessários. É claro que essa se tornou uma profecia autorrealizável: os cursos que o atraíam eram caros demais.

Só quando descobriu O Segredo ele começou a desenvolver um ponto de vista mais positivo e a acreditar em si. Convenceu-se a encontrar satisfação no trabalho a cada dia e a apreciar o emprego e as pessoas com quem trabalhava. Então, toda noite, quando ia se deitar, ele se imaginava recebendo um telefonema de um novo patrão lhe oferecendo o emprego dos sonhos. Ele adormecia com lágrimas de alegria.

Pouco depois, um amigo o avisou que uma estação de rádio local buscava um redator de publicidade. Ele se candidatou imediatamente e foi convidado a apresentar sugestões de roteiro para uma campanha. Enquanto trabalhava na tarefa, ele imaginou que fazia o serviço de verdade, e se sentiu muito bem. De repente, a aspiração de ser redator passou de mero sonho impossível a algo em que ele realmente acreditava. Ele passou pela entrevista sem que ninguém lhe perguntasse sobre formação e experiência; ficaram simplesmente tão impressionados com seu talento e sua crença em si que isso não teve importância. Ligaram para ele e lhe ofereceram o emprego, exatamente como tinha imaginado. Ele passou do beco sem saída do emprego na fábrica para redator de uma estação de rádio simplesmente ao mudar sua mentalidade do que podia fazer.

Se falta dinheiro em sua vida ou oportunidades na carreira, é porque você tem mais pensamentos negativos do que positivos. Em essência, essa é a mentalidade de pobreza.

Venho de uma família operária e, embora não desejassem muito dinheiro, meus pais tinham dificuldade de fechar o mês. Assim, cresci com as mesmas crenças negativas no dinheiro da maioria das pessoas. Cresci com uma mentalidade de pobreza. Eu sabia que tinha de mudar minha mentalidade a respeito do dinheiro para mudar minhas circunstâncias. Sabia que tinha de mudar completamente para que o dinheiro, além de vir a mim, também ficasse comigo!

Como todo ser humano, uma das coisas mais difíceis que tive que enfrentar foi minha mentalidade. Mas, quando realmente entendi que estava atrapalhando meu próprio sucesso e me fazendo sofrer, comecei a adotar a mentalidade positiva – a respeito do dinheiro e de tudo na vida. E fiz isso com um pensamento positivo de cada vez.

Veja, sua mentalidade é criação sua. São suas *crenças* que formam sua mentalidade, e todas as crenças são simplesmente pensamentos repetitivos combinados com sentimentos fortes. Portanto, o primeiro passo para mudar sua mentalidade é assumir a responsabilidade por seus próprios pensamentos. Depois de aceitar que são seus pensamentos que atraem riquezas ou o mantêm na pobreza, você começará a mudar o tipo de pensamento que tem. Quando fizer isso, escolherá ver a vida com otimismo.

Escolha o Otimismo

A verdade é que cada pessoa com mentalidade de riqueza é otimista quando se trata de dinheiro. Você tem a liberdade de *escolher* ser otimista ou pessimista – a respeito do dinheiro e de tudo na vida. Você pode escolher se livrar da antiga mentalidade negativa como se tirasse a camisa e vestisse uma mentalidade novinha em folha todo dia. É simples assim.

Agora, alguns vão argumentar que não é tão simples escolher ser positivo e otimista sob o peso de circunstâncias extremamente negativas – como desemprego, falta de teto, falência ou qualquer outro infortúnio.

No entanto, como mostra a experiência de um empresário em dificuldades, não existe situação sem esperanças; todas as circunstâncias da vida podem mudar.

> *No caso desse homem, ele tinha assumido a empresa da família, mas, sem experiência nem apoio, tudo deu*

errado e ele foi forçado a fechar as portas. À beira da falência, ele tinha 100 mil dólares em dívidas pessoais e trabalhava em três empregos só para fechar as contas do mês. Estava exausto e estressado, com o novo casamento de mal a pior, perguntando-se como tudo ficara tão ruim. Chegou a pensar em acabar com a própria vida, mas, felizmente, mudou de ideia. Naquele mesmo dia, a mãe lhe apresentou o documentário O Segredo, *e, enquanto assistia, lágrimas corriam pelo seu rosto. Ele percebeu que todas as circunstâncias negativas eram criação dele e se deviam ao pensamento negativo. Então lhe ocorreu que, se tinha sido capaz de criar tanto infortúnio, ele seria igualmente capaz de criar uma fortuna. Toda a sua visão de vida se transformou.*

Pouco depois, ele começou a trabalhar como corretor de imóveis e estabeleceu para si a meta de ganhar 100 mil dólares em um ano, a mesma quantia que devia. Ele atingiu essa meta com facilidade e, desde então, leva uma vida de prosperidade e abundância, ganhando mais de um milhão por ano, graças à recém-encontrada crença em si mesmo e à sua postura positiva.

Devido à dualidade da Terra, sempre haverá experiências positivas e negativas. Mas, se procurar constantemente o bem e mantiver a atitude positiva apesar das circunstâncias externas, você triunfará.

Por outro lado, se espera que as circunstâncias externas do mundo transformem sua atitude, você estará encrencado. Isso exigiria que cada circunstância à sua volta fosse perfeita o tempo todo para que você pudesse ser positivo, e não é possível controlar todas as circunstâncias. Também exigiria que muita gente se comportasse perfeitamente o tempo todo, e você não pode controlar ninguém além de si mesmo. Se pensar bem, na verdade seria necessário que todos os bilhões de pessoas se configurassem como você quer para que você pudesse ter uma atitude positiva. Simplesmente não é possível esperar que as circunstâncias externas ditem que tipo de atitude você terá. Se fizer isso, você sempre encontrará uma pessoa ou uma circunstância que lhe dará razões para ter uma atitude negativa. Para se tornar sua ferramenta mais poderosa, sua atitude tem que ser ditada por *dentro*.

Para estabelecer uma atitude positiva, a situação financeira em que está agora não importa. Não importa sequer em que situação financeira está sua empresa, seu país ou o mundo. Na verdade, há pessoas que viveram e prosperaram durante a Grande Depressão porque mantiveram a mentalidade de riqueza. Elas se mantiveram positivas e otimistas, e desafiaram as circunstâncias e o ar de extremo pessimismo que as cercava.

Ter uma atitude positiva e otimista não significa que você não vá ter dias ruins de vez em quando. Você *terá* dias ruins. A questão não são os dias ruins ocasionais, mas quantos dias preciosos da sua vida você está aproveitando com sua atitude positiva e otimista.

Tenho certeza de que você conhece alguém que está sempre animado e tem uma atitude ou postura viva e alegre perante a vida e, quando está com essa pessoa, você também se sente fantástico e cheio de vida. É isso que uma atitude otimista faz com a gente.

Por outro lado, a atitude pessimista perante a vida significa uma vida horrível. Sem dúvida, em algum momento da vida, você encontrou alguém que é pessimista em relação a tudo e, quando está com essa pessoa, sente que ela suga de você a energia e a alegria. Bom, é exatamente isso que a atitude ou a postura pessimista faz com a gente.

O pessimista nunca está feliz. Não é possível, porque, mesmo que tivesse tudo o que quisesse, o copo ainda estaria meio vazio! É por isso que o pessimista nunca consegue o que quer. E é por isso que você deve fazer todo o possível para ser otimista e não pessimista.

E como se passa de pessimista a otimista? Como se muda da mentalidade de pobreza para a mentalidade de riqueza, não importa o que esteja acontecendo em volta?

Bom, há algumas características positivas das pessoas otimistas que você pode adotar e podem ajudá-lo a formar sua mentalidade de riqueza e ter a vida dos seus sonhos.

Não Converse sobre Más Notícias

A primeira coisa a fazer é evitar falar de dificuldades financeiras, negócios frustrados ou a queda do lucro de sua empresa. Pare de falar sobre maus eventos do noticiário ou de pessoas ou situações que o incomodaram ou frustraram. Não fale de seu dia ruim, do atraso para um compromisso, de ficar preso no engarrafamento nem de perder o ônibus. Muitas pequenas coisas acontecem todo dia; se você se enredar falando sobre as coisas negativas que acontecem, cada uma delas trará mais esforço e dificuldade para sua vida.

Em vez disso, você tem que falar das boas notícias do dia. Fale do compromisso que deu certo. Fale de como gosta de ser pontual. Fale de como é bom estar cheio de saúde. Fale do lucro que quer que sua empresa tenha. Fale das situações e interações que aconteceram no seu dia e deram certo. Você tem que falar sobre as coisas boas para trazer todas as coisas boas para você.

Se alguém lhe oferecesse a vida dos seus sonhos em troca de você encontrar muitas coisas boas de que falar, você aceitaria na mesma hora. Pois é assim que você recebe a vida dos seus sonhos!

Não Reclame

Outra característica positiva dos otimistas que você deveria adotar é recusar-se a reclamar ou a se desestimular quando a situação não é favorável.

Pergunte a si mesmo se reclamar leva sucesso e felicidade para a vida de alguém. Você acha que se desestimular ou se abater com más notícias pode realizar os sonhos de alguém e lhe dar liberdade financeira?

Reclamar e se abater são desculpas que damos quando não temos a vida que viemos aqui para ter. E, como vemos pessoas próximas reclamando e se desestimulando, podemos ficar com a impressão errada de que isso é bom e não nos prejudica. Mas todas essas emoções negativas vão puxar você para baixo e enfraquecê-lo até você se sentir desesperado. Nenhuma dessas emoções jamais lhe dará a felicidade e o sucesso que você quer e merece. Nenhuma dessas emoções vai levar você à vida dos seus sonhos.

> *Para uma estudante que frequentava uma universidade particular cara, o anúncio de cortes em seu auxílio financeiro traria grandes problemas. Ela soube que só receberia cerca de 5 mil dólares e, portanto, lhe faltariam 35 mil para pagar a anuidade do ano seguinte. Muitos colegas seus tinham recebido cortes semelhantes e ido com fúria para as redes sociais, afirmando que sua formação estava acabada. Mas, em vez de se unir a eles nas queixas e reclamações, essa moça escolheu permanecer positiva. Ela se sentiu grata pela educação, recusou-se a criticar a universidade e ficou otimista, achando que, de algum modo, a situação se resolveria. Ela rezou e agradeceu a Deus, ao Universo e a todo mundo com antecedência por ajudá-la a pagar a faculdade. Ela pesquisou bolsas e concessões disponíveis e indagou na*

secretaria de auxílio financeiro se não poderiam rever seu caso. Foi convidada a preencher um formulário na internet; e assim, voltou para verificar de novo a quantia da bolsa e exatamente quanto dinheiro lhe faltava. Quando fez isso, ela se espantou ao descobrir que a quantia já tinha mudado – agora não era mais insuficiente, e a anuidade seguinte estava paga integralmente. Como essa moça descobriu, vale a pena se manter positivo.

Deseje Tudo, Não Precise de Nada

Uma última característica da mentalidade de riqueza que você deveria adotar é *desejar* tudo e *não precisar* de nada.

Desejar algo está de acordo com a lei da atração. Você atrai o que deseja. Precisar de algo é usar mal essa lei. Você não consegue atrair o que *precisa* se sentir que precisa com urgência ou desespero, porque essa emoção contém medo. Esse tipo de "necessidade" mantém as coisas afastadas.

Quando *precisa* de dinheiro, esse é um sentimento poderoso dentro de você; vem do pensamento de que não tem dinheiro suficiente e, é claro, pela lei da atração você continua a criar a falta de dinheiro.

Posso falar por experiência própria sobre *precisar* de dinheiro, porque, pouco antes de descobrir O Segredo, meus contadores me disseram que minha empresa tinha sofrido um grande prejuízo naquele ano e que, em três meses, deixaria de existir. Depois de dez anos de muito trabalho, minha empresa estava prestes a escorrer entre os dedos. E, como *precisava* de mais dinheiro para salvá-la, a situação só piorou. Parecia não haver saída.

Então, descobri O Segredo e tudo em minha vida, inclusive a situação da minha empresa, se transformou totalmente, porque mudei meu jeito de pensar. Enquanto meus contadores continuavam a se preocupar com os números e se concentravam nisso, mantive a mente concentrada na abundância e no bem-estar. Eu *sabia* com todas as fibras do meu ser que o Universo resolveria a situação, e resolveu. Resolveu de uma maneira que eu nunca imaginaria. Tive meus momentos de dúvida, mas, quando a dúvida vinha, eu movia imediatamente meus pensamentos para o resultado desejado.

Se você tem as palavras "precisar de dinheiro" em sua frequência, continuará atraindo a situação de "precisar de dinheiro". Você tem que dar um jeito de se concentrar na abundância, apesar das circunstâncias externas, porque, quando não sentir mais *necessidade* de dinheiro, o dinheiro virá.

LIÇÃO 4

O Processo Criativo do Dinheiro

De acordo com a lei da atração, o que você pensa agora cria sua vida futura. Como você atrai aquilo em que mais pensa, é fácil ver quais foram seus pensamentos dominantes no quesito dinheiro, porque essa é sua experiência atual. Isso quer dizer que o conteúdo da sua carteira, o seu saldo bancário e toda a sua situação financeira se devem aos pensamentos que você tem. Mas ficar preso a dificuldades é coisa do passado.

Agora você está aprendendo O Segredo e, com esse conhecimento, pode mudar radicalmente sua condição financeira mudando simplesmente seu jeito de pensar. Você é um criador, e há um processo fácil a seguir para trazer riqueza e tudo o que quiser para sua vida pela lei da atração.

Esse processo criativo tem três passos simples: peça, acredite e receba.

Primeiro Passo: PEÇA

Você escolhe o que quer, mas é preciso ser muito claro. Quando se trata de dinheiro, é preciso ter clareza de exatamente quanto você quer. Se não for claro, a lei da atração não poderá trazer o que você quer. Você enviará uma frequência confusa e só poderá atrair resultados confusos. Talvez pela primeira vez na vida, descubra o que realmente quer. Agora que sabe que pode ter, ser ou fazer qualquer coisa e que não há limites, pergunte-se: "Quanto dinheiro quero e exatamente como quero que minha vida seja?"

Isso pode ser muito divertido. Na verdade, é como ter o Universo como seu caixa eletrônico pessoal. Talvez você pense consigo: "Eu gostaria de viver nessa cidade específica, gostaria de ter esse carro, gostaria de passar férias nesse resort tropical e de ter essa quantia no banco."

Para ajudar a ter clareza do que *realmente* quer, sente-se com seu celular, seu computador ou com caneta e papel e faça uma lista de todas as coisas que quer em todas as áreas da vida. Pense em cada detalhe do que quer ser, ter ou fazer.

Se quiser dinheiro para formar seus filhos, elabore os detalhes da educação deles, inclusive da faculdade que quer que eles frequentem, o custo da anuidade, dos livros, da alimentação, das roupas e do transporte, de modo que você saiba exatamente de quanto dinheiro vai precisar.

Se quiser viajar, escreva os detalhes dos países que deseja visitar, quanto tempo quer ficar viajando, o que quer ver e fazer, onde quer ficar e de quanto dinheiro vai precisar para as despesas.

Seja o que for que deseja, some as quantias para fazer um saque no Banco do Universo. É realmente simples assim.

Não se esqueça de que a riqueza vem sob várias formas e que o dinheiro é apenas uma delas. Portanto, além de pedir dinheiro especificamente, você pode pedir apenas o que quer fazer, ter ou ser. Não limite sua vida pensando que o dinheiro é a única maneira de obter o que quer. Se quiser uma casa nova, você só precisa pedir. Se quer roupas bonitas, eletrodomésticos ou um carro zero, é só pedir! Todas essas coisas podem lhe chegar num número ilimitado de outras maneiras além do dinheiro.

Na verdade conheço pessoas que usaram esse processo para atrair férias no exterior, cruzeiros de luxo, carros novos, anuidade de cursos universitários e muito mais sem gastar um centavo. Tudo se resume a se concentrar no que você quer e permitir que o Universo use suas infinitas maneiras de fazer acontecer. Quando souber exatamente o que quer, você terá concluído o primeiro passo do processo criativo: você pediu.

Segundo Passo: ACREDITE

Você precisa acreditar que recebeu. Você precisa saber que o dinheiro, ou seja o que for que você quer, é seu no momento em que pede. Precisa ter fé absoluta. Se pediu um saque no banco, relaxe, saiba que vai receber a quantia exata que requisitou, e continue com sua vida.

No momento em que você pede, acredita e sabe que já tem o dinheiro no invisível, todo o Universo muda para levá-lo ao visível. Você tem que agir, falar e pensar como se o recebesse agora. Por quê? O Universo é um espelho, e a lei da atração reflete de volta para você seus pensamentos dominantes. Acha que não faz sentido se ver recebendo o dinheiro? Se seus pensamentos contêm a percepção de que ainda não o tem, você continuará a atrair o não ter. É preciso acreditar que já tem. É preciso acreditar que já recebeu. Você tem que transmitir a frequência do sentimento de ter recebido, ver essas imagens como sua vida.

Como exemplo, se você ganhar dinheiro na loteria, antes mesmo de receber fisicamente o dinheiro você já sabe que ele é seu. Segurar o bilhete premiado é o sentimento de acreditar que o dinheiro é seu. Esse é o sentimento de acreditar que você já tem. Esse é o sentimento de acreditar que recebeu. Reivindique as coisas que quer sentindo e acreditando que elas já são suas. Quando fizer isso, a lei da atração mudará poderosamente todas as circunstâncias, pessoas e eventos para que você as receba.

É claro que você pode atrair qualquer quantia que quiser, mas para isso é preciso seguir os princípios da lei da atração: você tem que acreditar e tem que eliminar a dúvida. Entenda que, quando você permite que um pensamento de dúvida entre em sua mente, a lei da atração logo alinhará um pensamento duvidoso atrás do outro. Obviamente, a lei da atração não pode lhe dar o que você quer quando seus pensamentos predominantes são de dúvida. Portanto, elimine a dúvida e a substitua pela plena expectativa de que você receberá o que está pedindo. Se não receber o que está pedindo, não foi a lei que falhou. Significa que sua dúvida superou sua crença. Isso acontece porque a lei da atração reage aos seus pensamentos dominantes *o tempo todo*, não só no momento em que você pede. É por isso que, depois de pedir, é preciso continuar a acreditar e a saber. Tenha fé. Sua crença de que *tem* o que pediu, essa fé imorredoura, é seu maior poder. Quando acreditar que está recebendo, prepare-se e observe a magia acontecer!

Terceiro Passo: RECEBA

Para receber, você tem simplesmente que se sentir bem agora. Sinta como espera se sentir quando o dinheiro chegar. Receber dinheiro é um bom sentimento, e, não por coincidência, quando se sente bem, você fica na frequência de receber; você está na frequência de todas as coisas boas que lhe vêm e receberá exatamente o que pediu. Você não pediria dinheiro, ou qualquer outra coisa, aliás, se não fosse se sentir bem ao receber, não é? Portanto, sinta-se assim agora e entre na frequência de se sentir bem. Sua meta é simplesmente se sentir o melhor possível agora e continuar se sentindo assim.

Se acha que as dúvidas estão corroendo sua crença de que está recebendo o que pediu, há uma prática muito poderosa que você pode usar para aumentar essa crença.

Afirmações

As afirmações são como declarações de missão pessoais e positivas que, repetidas várias vezes, não têm como não criar crenças novas. Elas funcionam especialmente bem com o dinheiro porque a maioria tem dúvidas e crenças negativas vitalícias a respeito do dinheiro.

Por exemplo, você já pensou que não tem dinheiro para comprar alguma coisa, que não tem sorte com dinheiro, que sempre parece que o dinheiro escorre entre seus dedos?

Se já, então você precisa substituir esses pensamentos imediatamente. Diga a si mesmo, várias e várias vezes: "O dinheiro gruda em mim!", "*Tenho* sorte com dinheiro!" e "Posso comprar o que quiser".

Assim, você mudará seus pensamentos e suas crenças e começará a se sentir melhor a respeito do dinheiro.

Quando estava fazendo o documentário *O Segredo*, sem saber de onde viria o dinheiro para concluir o projeto, fiz uma lista de afirmações em relação ao dinheiro para reforçar minha crença. Como se diz, o resto é história.

Eu gostaria de dividir com você uma lista das minhas afirmações favoritas a respeito do dinheiro que uso quase todo dia. Recomendo que você recite essas afirmações diariamente, pelo menos até acreditar que está recebendo o que pediu...

> Sou rica.
> Sou um ímã de dinheiro!
> Atraio mais dinheiro a cada dia.
> Fico mais rica a cada segundo.
> Amo o dinheiro e o dinheiro me ama!
> Sou grata por tudo o que tenho.
> O dinheiro é meu amigo.
> O dinheiro me vem com facilidade e sem esforço.

Sempre tenho mais dinheiro entrando do que saindo.
Mereço o dinheiro para fazer tudo o que quero nesta vida.
Atraio tudo de que preciso para produzir meu sucesso.
Mereço receber dinheiro.
Sou financeiramente próspera.
Atraio dinheiro com muita facilidade.
Desejo boa sorte e felicidade para todos.
Estou aberta à chegada do dinheiro de maneiras que nunca imaginei.
Sei que o dinheiro chega de formas ilimitadas.
Estou empolgada para ver de onde virá mais dinheiro na próxima vez.
Uso o dinheiro para abençoar minha vida e a vida dos outros.
Tenho dinheiro mais do que suficiente.
Estou recebendo mais dinheiro hoje.
Escolho a prosperidade.
Todos os dias, de todas as maneiras, minha riqueza cresce.
Fico feliz em doar porque minha abundância é ilimitada.
O dinheiro está vindo para mim em abundância.

Talvez você também queira criar suas próprias afirmações, específicas para suas metas financeiras ou de vida.

Um estudante universitário usou as afirmações ao se aproximar da formatura sem perspectiva de emprego e nenhuma ideia de carreira nem do que fazer com o resto da sua vida. A única coisa que sabia com certeza era que queria ficar multimilionário e se aposentar aos 45 anos. Assim, ele digitou essas duas intenções como sua afirmação pessoal, mandou plastificar e pôs na mesinha de cabeceira, para ler toda manhã e toda noite.

Ao longo do tempo, sua carreira progrediu sem destaque, mas ele nunca perdeu de vista suas metas, graças à afirmação diária. Finalmente, surgiu a oportunidade de ser sócio de uma nova empresa tecnológica, e ele a aproveitou. A empresa cresceu lentamente, até que uma série de reviravoltas no setor resultou na expansão drástica dos negócios. De repente, os sócios estavam ganhando mais de 100 milhões de dólares por ano. Quando o homem se reuniu com seu assessor financeiro para discutir o futuro, ocorreu-lhe que estava se aproximando dos 45 anos e que suas ações da empresa excediam em muito a quantia com que esperava se aposentar quando estava na faculdade. Ele vendeu sua participação aos sócios pouco depois, e agora está livre para dedicar todo o seu tempo e dinheiro à família.

O uso eficaz das afirmações depende inteiramente de até que ponto você acredita nelas quando as diz. Quando não há crença, a afirmação não passa de palavras sem poder. A crença dá poder às palavras. A repetição ajuda a crença, mas o mais importante é o sentimento. Portanto, *sinta* realmente as palavras de suas afirmações até acreditar de verdade no que diz. Quanto mais cedo começar a acreditar no que diz com suas palavras e afirmações, mais cedo receberá a vida dos seus sonhos.

Como o que você quer se concretizará, a forma como o Universo fará o dinheiro chegar a suas mãos não é da sua conta. Permita que o Universo faça isso por você. Quando tenta descobrir como acontecerá, você emite uma frequência que contém a falta de fé – em que você não acredita que já tem. Você pensa que tem de conseguir e não acredita que o Universo fará isso por você. O "como" não é a sua parte no processo criativo. Seu serviço é simplesmente pedir, acreditar que está recebendo e se sentir feliz agora. Deixe para o Universo os detalhes de como isso acontecerá.

Muita gente tropeça nisso e tenta descobrir o "como". Tenta forçar a questão agindo por conta própria, sem perceber que *forçar* essas ações contradiz seu desejo. Sempre que decide agir, você precisa ter certeza de que suas ações estão afinadas com seu desejo e que refletem o que você espera receber.

Ação Inspirada

Qualquer ação afinada com seu desejo é uma ação inspirada e difere da ação forçada da seguinte maneira:

Quando age de forma forçada, você está em ação para tentar fazer seu desejo se realizar. Será difícil e vai parecer uma luta. Será como se você tentasse nadar contra a corrente do rio.

A ação inspirada, por outro lado, é quando você age para receber. A ação inspirada é completamente sem esforço e parece maravilhosa, porque você está na frequência de receber. Quando age para receber, você sentirá que está boiando na correnteza do rio. Vai parecer sem esforço. Esse é o sentimento da ação inspirada e de estar no fluxo do Universo e da vida.

Na ação inspirada, pense primeiro no que pediu e depois cuide para que suas ações reflitam o que você espera receber. Aja como se estivesse recebendo. Faça exatamente o que faria se estivesse recebendo o que quer hoje e aja em sua vida de forma a refletir essa expectativa poderosa. Abra espaço para receber seus desejos, quando faz isso você envia aquela poderosa mensagem de expectativa.

Essa é sua oportunidade de ser criativo ao usar as ações inspiradas alinhadas com o que você quer. Se quiser uma quantia substancial, prepare sua conta bancária para ser capaz de depositar e administrar uma quantia substancial. Se quiser atrair uma casa nova, arrume sua casa atual e a prepare para uma mudança rápida. Se quer fazer uma viagem ao exterior, pegue as malas, atualize o passaporte e comece a planejar o itinerário. Pense no que faria se tivesse seu desejo realizado e aja de uma forma criativa e que deixe claro que você o está recebendo agora. E, quando suas ações criativas estiverem alinhadas com o que você pediu, olhe para trás e veja a maravilha e como o Universo lhe trouxe o que você queria.

> Um dos melhores exemplos do uso da ação inspirada no processo criativo é o de um jovem calouro na faculdade que sonhava com uma vida de prosperidade. Ele fez uma lista detalhada dos seus maiores desejos, que incluíam dinheiro, carros, uma casa bonita e a namorada dos sonhos com quem queria dividir tudo aquilo. Ele chegou a preencher para si mesmo um cheque de 10 milhões de dólares, que fitava todo dia, imaginando como seria ter todo aquele dinheiro e como ele o gastaria. Para ajudar a dar vida ao sentimento, ele passava regularmente pelos bairros ricos e escolhia sua casa favorita. Manteve a imagem de um carro de luxo na tela do celular até juntar coragem para ir à concessionária e fazer um test drive. Quando a moça dos seus sonhos apareceu na sua vida e se tornou sua namorada, de repente a existência próspera que ele desejava começou a parecer mais real. Foi aí que ele teve a inspiração de criar um aplicativo para estudantes universitários como ele. Levou algum tempo para aprender a programar e montar o aplicativo, que, depois de lançado, foi um sucesso imediato. Um ano depois do lançamento, ele foi procurado por uma grande empresa que lhe ofereceu 10 milhões pelo aplicativo – a quantia exata que ele escrevera em seu cheque. Com a riqueza recém-obtida, ele comprou aquela casa pela qual passara tantas vezes, o carro dos seus sonhos e outro para a namorada. Com 21 anos, ele atraiu tudo o que estava em sua lista de desejos.

Observe que esse rapaz não se esforçou para fazer seu sonho de 10 milhões de dólares se realizar com ações forçadas. Ele simplesmente se concentrou em seu sonho e permitiu que a inspiração lhe chegasse. O que ele fez você também pode fazer. Isso acontece porque todo conhecimento, todas as descobertas e todas as invenções do futuro estão na Mente Universal como possibilidades, aguardando que a mente humana as tire de lá. Há um suprimento ilimitado de ideias aguardando você, e só é preciso manter a mente no resultado final.

Lembre-se de que você é como um ímã que atrai tudo. Quanto mais treinar e começar a ver que a lei da atração lhe traz coisas, maior será seu poder magnético, porque você somará o poder da fé, da crença e do conhecimento. Nesse estado, você verá que 10 milhões é fichinha... para o Universo e para você.

LIÇÃO 5
GRATIDÃO PELO DINHEIRO

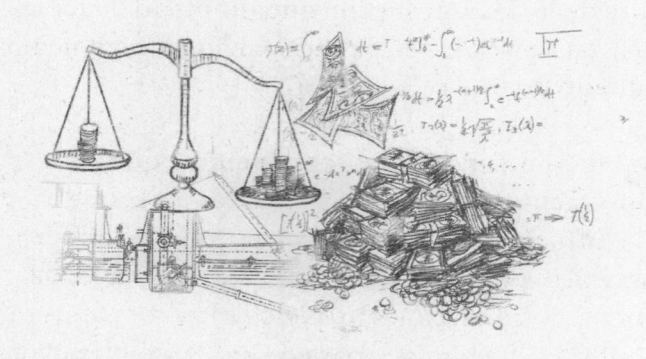

A gratidão é a ponte que levará você da pobreza à riqueza. Quanto mais grato for pelo dinheiro que tem, mesmo que não tenha muito, mais riqueza receberá. E quanto mais se queixar da falta de dinheiro, mais pobre vai ficar.

Se pensar "Não tenho dinheiro suficiente", "Não posso pagar minhas contas", "Meu chefe não gosta de mim", "Não me entendo com os colegas de trabalho" ou "Minha empresa está com dificuldades financeiras", mais experiências como essas você vai atrair.

Mas, se pensar no que lhe inspira gratidão, como "Adoro meu emprego", "Meus colegas me dão muito apoio", "Tenho os melhores clientes", "Recebi uma devolução substancial do imposto de renda" ou "Aprecio o dinheiro que tenho por tudo o que ele me permite fazer" e sentir sinceramente gratidão, a lei da atração diz que você tem que atrair mais *dessas* coisas para sua vida.

> *Para uma mulher, o novo emprego trouxe muito mais estresse, tanto que havia dias em que ela voltava para casa chorando. Então, decidiu fazer um esforço consciente para encontrar algo a agradecer em todas as situações. Toda manhã, antes de sair do carro para entrar no prédio, ela agradecia pelo dia. Toda vez que passava pela porta de sua sala, agradecia a Deus e ao Universo pelo emprego dos sonhos que tanto amava. Conforme as semanas e os meses foram se passando, seu nível de estresse diminuiu e ela passou a gostar genuinamente do trabalho. Aí veio a notícia de que seu departamento seria fechado. Em geral, isso a teria deixado arrasada e irritada. Mas ela continuou a se sentir grata enquanto se candidatava a outros cargos na empresa. A gratidão valeu a pena outra vez. Ofereceram-lhe duas ótimas vagas, e ela aceitou a que lhe daria o maior aumento de salário.*

A Gratidão Pode Mudar Sua Vida

Sei de milhares de pessoas que estavam na pior situação imaginável e mudaram completamente de vida por meio da gratidão. Vi gente na pobreza total enriquecer pela gratidão; vi empresários recuperarem negócios em decadência, e pessoas que tiveram dificuldade com dinheiro a vida toda finalmente criar abundância. Conheço pessoas desalentadas que construíram carreiras de sucesso. Conheço até alguém que foi de morador de rua a dono de uma mansão de milhões de dólares e com o emprego dos sonhos.

Tudo isso ocorreu devido ao sentimento de gratidão pelo dinheiro, fosse qual fosse a situação financeira em que essas pessoas estavam.

Por mais difícil que seja, você tem que ignorar sua situação atual e a falta de dinheiro que esteja enfrentando no momento, e a gratidão talvez seja o caminho mais fácil. Você não pode se sentir ao mesmo tempo grato e desapontado pelo dinheiro. Também não pode ter pensamentos ao mesmo tempo gratos e preocupados a respeito do dinheiro. Quando sente gratidão pelo dinheiro, além de interromper os pensamentos e sentimentos negativos que o afastam dele, você faz exatamente aquilo que lhe trará mais dinheiro! Ao pensar coisas boas e se sentir bem com o dinheiro, pela lei da atração, você atrai dinheiro.

Se houver falta de dinheiro em sua vida, entenda que se sentir preocupado, invejoso, ciumento, desapontado, desanimado, em dúvida ou com medo em relação ao dinheiro nunca lhe trará mais dinheiro. Isso porque esses sentimentos vêm da falta de gratidão pelo dinheiro que você tem. Reclamar de dinheiro, discutir sobre dinheiro, frustrar-se com dinheiro, criticar o preço das coisas ou fazer outra pessoa se sentir mal com dinheiro não são atos de gratidão. Quando suas ações são ingratas, sua situação financeira nunca vai melhorar, só piorar.

Não importa qual seja sua situação atual, pensar que você não tem dinheiro suficiente é ser ingrato pelo dinheiro que tem. É preciso tirar da mente os pensamentos negativos sobre sua situação atual e se sentir grato pelo dinheiro que tem para que ele possa se multiplicar em sua vida!

Sentir-se grato pelo dinheiro quando se tem pouquíssimo dele é desafiador para qualquer um, mas, quando entender que nada vai mudar enquanto não se sentir grato, você vai se inspirar a tentar.

A Regra de Ouro

Gratidão é riqueza e reclamação é pobreza; essa é a regra de ouro de toda a sua vida, seja na área da saúde, no trabalho, nos relacionamentos ou nas finanças.

Quando estiver prestes a reclamar de algo que tenha a ver com dinheiro, seja em palavras, seja em pensamento, pergunte-se: "Estou disposto a pagar o preço dessa reclamação?" Porque essa única reclamação vai retardar ou até interromper o fluxo de dinheiro em sua direção.

Muita gente *pensa* que é grata pelo dinheiro. A maioria acha que reclama menos do que agradece ao dinheiro, mas, se houver falta de dinheiro em sua vida, você vai reclamar sem nem perceber. É claro que as maiores reclamações vêm quando é preciso pagar alguma coisa.

Se você não tem dinheiro suficiente, pagar as contas pode ser uma das coisas mais difíceis. Eu sei, já passei por isso. Parece que há uma torrente maior de contas do que dinheiro para pagá-las. Mas, se reclamar dos boletos, na verdade o que você estará fazendo é reclamar do dinheiro, e essa reclamação mantém você na pobreza.

É compreensível, se você não tem dinheiro suficiente, que a última coisa que queira fazer seja se sentir grato por seus boletos. Mas é exatamente isso que você *tem* que fazer para receber mais dinheiro em sua vida. Para ter uma vida rica, é preciso ser grato a tudo o que tem a ver com dinheiro, e se queixar dos boletos não é ser grato. Você tem que fazer o oposto, que é *ser grato* pelos bens ou serviços que *recebeu* daqueles que lhe mandaram a cobrança. É uma coisa muito simples, mas que terá um efeito monumental na sua vida financeira. Você se tornará literalmente um ímã de dinheiro!

Para ser grato por um boleto, pense em como o serviço ou a mercadoria cobrados beneficiaram você. Se for o pagamento do aluguel ou da hipoteca, fique grato por ter um lar e estar morando nele. E se a única maneira de morar numa casa fosse economizar o dinheiro todo e pagar à vista, em dinheiro? E se não houvesse instituições financeiras nem casas para alugar? A maioria estaria morando na rua, então seja grato pelas instituições financeiras e por seu senhorio, porque eles lhe possibilitam morar numa casa ou num apartamento.

Se estiver pagando uma conta de gás ou eletricidade, pense no aquecimento ou refrescamento que recebeu, os banhos quentes e todos os eletrodomésticos que pôde usar por causa desses serviços. Se estiver pagando a conta de telefone ou da internet, imagine como sua vida seria difícil se você tivesse que percorrer uma distância enorme para falar pessoalmente com cada um. Pense em quantas vezes pôde ligar ou enviar mensagens a parentes e amigos, mandar e receber e-mails ou acessar informações instantaneamente pela internet por causa do seu provedor. Todos esses serviços extraordinários estão ao alcance da mão, portanto seja grato por eles e seja grato ao fato de as empresas confiarem em você e prestarem o serviço *antes* que você pague.

Você descobrirá que sentir gratidão pelo dinheiro que pagou garante que receberá mais. A gratidão é como um fio dourado magnético preso ao seu dinheiro, e assim, quando você paga, o dinheiro sempre volta, às vezes no mesmo valor, às vezes multiplicado por 10 ou até por 100. A abundância que você recebe não depende de quanto você paga, mas de quanta gratidão sente. Você pode sentir tanta gratidão quando paga uma conta de 50 dólares que receberá de volta centenas ou milhares de dólares.

Além de se sentir grato pelos boletos, há outras maneiras de usar o poder da gratidão para atrair mais dinheiro à sua vida.

Gratidão pelo Passado

A primeira maneira é ser grato por todo o dinheiro e tudo de valor que já recebeu na vida.

Pense em sua infância, antes que você tivesse seu próprio dinheiro. Considere cada caso em que algo foi pago com dinheiro *por* você. Por exemplo, a comida que comeu, a casa onde morou, sua educação e seus livros, suas férias, seus presentes de aniversário, suas roupas, tratamento médico, diversão, transporte e todas as suas necessidades básicas.

Todas essas coisas custam dinheiro, e você recebeu todas elas… sem pagar nada! Seja grato por cada um desses casos, porque, quando sentir gratidão sincera pelo dinheiro que recebeu no passado, seu dinheiro aumentará no futuro! Isso é garantido pela lei universal. Portanto, seja *verdadeiramente* grato pela abundância de dinheiro que você recebeu na vida. Quanto mais sincero for e quanto mais sentir, mais depressa você verá uma mudança drástica na sua situação financeira atual.

Gratidão pelo Presente

A segunda maneira de usar o poder da gratidão para atrair mais dinheiro à sua vida é ser grato pelo dinheiro que você tem agora, não importa se muito ou pouco.

Quando se sente grato pelas coisas que tem, não importa quão pequenas sejam, você receberá mais dessas coisas. Se for grato pelo dinheiro que tem, mesmo que pouco, você receberá mais dinheiro. Se for grato pelo emprego que tem, mesmo que não seja o emprego dos sonhos, você receberá melhores oportunidades no trabalho. A gratidão é o grande multiplicador da vida!

Por outro lado, quando não é grato você não pode receber mais em troca. Quando não é grato pelo dinheiro que tem, você interrompe o fluxo de mais dinheiro. Quando não é grato por sua casa, por mais humilde que ela seja, você se priva da oportunidade de morar numa casa melhor. Quando não é grato por seu emprego, sua carreira ou seu negócio, você perderá todos os aumentos de salário, promoções e oportunidades de aumentar o lucro.

Para *receber* mais, você tem que ser grato pelo que tem. É a lei.

Gratidão pelo Futuro

A terceira e última maneira de usar o poder da gratidão para atrair mais dinheiro à sua vida é ser grato pelo dinheiro que você quer como se já o tivesse recebido.

Quando pede algo ao Universo – seja dinheiro ou qualquer outra coisa –, você precisa acreditar que já o tem, ou seja, você precisa sentir gratidão por tê-lo agora mesmo. Em outras palavras, seja grato *antes* de receber.

Quando agradece como se já tivesse recebido o que quer, você envia uma mensagem poderosa ao Universo. Essa mensagem diz que você já tem o que quer porque está se sentindo grato agora. Toda manhã, antes de se levantar, adote o hábito de ter com antecedência o sentimento de gratidão pelo dinheiro – e tudo o mais – que quer, como se já o tivesse.

> *Uma mulher usou o poder da gratidão pelo passado, presente e futuro enquanto desejava um carro novo que satisfizesse melhor a necessidade da família em crescimento. Em vez de reclamar do carro velho e pouco confiável, ela agradeceu por ele e pelo tempo que passaram juntos. Escreveu em seu diário da gratidão que estava muito grata por aquele carro e por todos os carros que tivera durante a vida. Ela exprimiu a mais profunda apreciação pela liberdade e pela mobilidade que seus carros lhe ofereceram.*

Quando o carro velho finalmente não tinha mais conserto, ela se imaginou dirigindo uma minivan de sete lugares e agradeceu ao Universo com antecedência. Então lhe ocorreu que não tinha contado ao Universo quanto se dispunha a pagar por ela. Num capricho, decidiu que não pagaria nada; ela queria ver se ficar agradecida resultaria em ganhar um carro de graça.

No dia seguinte, o marido voltou do trabalho e contou que a empresa lhe daria um carro à sua escolha, como prêmio por seu desempenho. Isso foi uma completa surpresa. Como ele não precisaria usar o carro para ir ao escritório, o veículo ficaria com a mulher o tempo todo. Naturalmente, ela escolheu a minivan que havia imaginado. A empresa também pagaria o seguro do carro, a manutenção e a limpeza, além de oferecer um cartão de combustível. Foi realmente um carro gratuito em todos os sentidos, e essa mulher o atraiu sendo grata por todos os carros que teve, pelo carro atual e pelo carro que esperava receber.

As Formas Ilimitadas de o Dinheiro Chegar até Você

Sempre que pratica a gratidão pelo dinheiro ou pelo que quer, lembre-se de que há muitas formas de o dinheiro ou a riqueza chegarem à sua vida. Se puder ser grato toda vez que sua riqueza aumentar, você manterá a abundância de dinheiro fluindo.

O dinheiro pode lhe chegar ao receber um cheque inesperado, um aumento de salário, um prêmio da loteria, a devolução do imposto de renda, um presente inesperado de alguém. Seu dinheiro também aumenta quando alguém paga espontaneamente a conta do café, do almoço ou do jantar, quando você vai comprar um item e descobre que está em promoção, quando há a oferta de receber dinheiro de volta ao fazer uma compra ou quando alguém lhe dá de presente algo que você precisaria comprar. O resultado de cada uma dessas circunstâncias é que você tem mais dinheiro! Portanto, sempre que surgir uma situação, pergunte-se: essa circunstância me faz ter mais dinheiro? Porque, se fizer, você precisa ser muito grato pelo dinheiro que está recebendo com essa circunstância!

Se contar a um amigo que vai comprar um item e o amigo se oferecer para lhe emprestar ou dar esse mesmo item porque tem mas não está usando, ou se planeja viajar e acaba recebendo um desconto especial, ou se seu banco baixa as taxas de juros, ou se um prestador de serviços lhe oferece um pacote bem melhor, seu dinheiro aumentará por meio da economia. Está entendendo a ideia das situações ilimitadas em que você pode receber dinheiro?

O mais provável é que você já tenha vivido algumas situações assim no passado e, percebendo ou não na época, elas ocorreram porque você as atraiu. Mas, quando a gratidão é seu meio de vida, você atrai essas situações o tempo todo! Muita gente chama isso de sorte, mas não: é a lei universal.

Uma mulher contou um ótimo exemplo disso, que aconteceu pouco depois de ela perder o emprego. Ela sempre foi responsável pelo sustento da família e gostava de pagar a festa de aniversário da irmã todo ano. Mas, com o aniversário se aproximando e agora sem emprego nem entrada de dinheiro, ela não teria como pagar uma festa. Ainda assim, perguntou à irmã como ela queria passar o grande dia. A irmã relutou, mas a mulher insistiu, e elas fizeram planos de ir a uma boate elegante com a família e os amigos. Na noite do aniversário, a mulher agradeceu a presença de todos e se sentiu grata por tudo que tinha e toda a abundância que chegaria. Quando foram pagar a conta, a garçonete avisou que tudo já estava pago. Um velho amigo que não pôde comparecer viu as fotos nas redes sociais e quis ajudá-las a comemorar, cuidando da conta. A gratidão da mulher trouxe dividendos da forma mais surpreendente.

Qualquer circunstância que leve você a ter mais dinheiro ou a receber algo que custa dinheiro resulta da *sua* gratidão. Você sentirá grande alegria ao saber que foi você que fez, e, quando combina a alegria com a gratidão, você tem uma verdadeira força magnética que continuará atraindo cada vez mais abundância.

Assim, a partir de hoje, prometa a si mesmo que, sempre que receber qualquer dinheiro, seja seu salário, um reembolso ou um desconto, seja algo que alguém lhe der e que custe dinheiro, você ficará verdadeiramente grato. Cada uma dessas circunstâncias significa que você recebeu dinheiro, e cada uma lhe dá a oportunidade de usar o poder da gratidão para aumentar e multiplicar ainda mais seu dinheiro sendo grato pelo que acabou de receber!

É importantíssimo que você se sinta grato por tudo na vida. Se não for grato pelo que recebeu e está recebendo, você não terá o poder de mudar nenhuma das suas circunstâncias. Quando agradece pelo que recebeu e pelo que continua a receber, essas coisas se multiplicam. Ao mesmo tempo, a gratidão lhe traz o que você deseja! Seja grato pelo que quer na vida como se já o tivesse recebido, e a lei da atração diz que você terá que receber.

Consegue imaginar que algo tão simples quanto se sentir grato pode multiplicar seu dinheiro e mudar completamente sua vida?

Seja grato! A gratidão não lhe custa nada, mas vale mais do que todas as riquezas do mundo.

LIÇÃO 6
Imaginação e Dinheiro

Toda a sua vida até agora é o que você imaginou que seria. Tudo o que você tem, tudo o que faz e todas as situações e circunstâncias da sua vida são o que você imaginou previamente.

Infelizmente, muita gente passa mais tempo pensando e imaginando o que *não quer*. Estão virando contra si mesmos uma ferramenta maravilhosa. Em vez de imaginar o melhor, a maioria imagina tudo o que pode dar errado. E, enquanto continuarem imaginando e sentindo essas coisas, elas vão continuar acontecendo. Imagine o melhor e mais alto que puder em todas as áreas da vida, porque o melhor que você pode imaginar é muito fácil para a lei da atração!

O Poderoso Processo de Visualização

A razão para sua imaginação ser tão poderosa é que, quando cria imagens na mente de algo que quer, você gera pensamentos e sentimentos de ter essa coisa agora. Chamamos esse processo poderoso de visualização. A visualização é apenas o pensamento muito concentrado em imagens, que causa sentimentos igualmente poderosos. Assim, quando fecha os olhos, visualiza ter dinheiro e imagina que está fazendo todas as coisas que quer com esse dinheiro, você cria uma nova realidade. A razão disso é que seu inconsciente e a lei da atração não sabem se você está visualizando ou se aquilo é real. Assim, quando o dinheiro e o que você estiver visualizando parecerem reais, você saberá que essa imagem penetrou no inconsciente e que está formando uma nova crença. A lei da atração recebe essas imagens e esses pensamentos da sua mente junto da nova crença e tem de concretizar tudo isso como sua vida.

Quando estava fazendo o documentário *O Segredo*, visualizei múltiplas vezes por dia o resultado que queria. Apesar dos imensos obstáculos financeiros e de uma empresa em estado financeiro hemorrágico, vi o resultado com tanta clareza na mente que era como se ele já tivesse acontecido. Não há dúvida de que a visualização foi uma das coisas mais poderosas que fiz para ajudar a tornar o documentário um enorme sucesso.

Visualizar com Todos os Sentidos

A verdadeira arte da visualização envolve usar *todos* os sentidos para imaginar o que você quer. Se quiser visitar a Itália, imagine o cheiro do macarrão, prove o azeite, ouça alguém lhe dizendo palavras italianas, toque a pedra do Coliseu e se sinta na Itália!

> *Do mesmo modo, se você quiser um novo lar, faça como fez uma família quando encontrou a casa dos seus sonhos. Embora o preço estivesse muito além de suas possibilidades e o imóvel onde morassem não valesse muito, eles se recusaram a desanimar. Imaginaram onde todos os móveis ficariam no novo lar e como decorariam cada cômodo. Imaginaram-se preparando as refeições na nova cozinha e sentindo o aroma e o sabor da comida na sala de jantar. Visualizaram-se sentados no pátio e acenando para os vizinhos. Usaram todos os sentidos para sentir que viviam no novo lar, a ponto de parecer que já tinham se mudado para lá. Dali a semanas, eles realmente se mudaram. Sua casa recebeu uma oferta dois dias depois de posta à venda, e os vendedores da casa dos sonhos baixaram drasticamente o preço porque tinham se cansado de esperar um comprador.*

Como essa família, você pode pegar qualquer coisa que deseje e imaginar-se sendo, fazendo ou tendo essa coisa agora. Imagine-se dividindo-a com as pessoas que ama e imagine sua felicidade. Imagine cada cena e situação possível com o que quer e sinta que já o tem. Tente passar alguns minutos por dia imaginando e sentindo que tem o que quer. Faça isso todo dia até sentir que seu desejo já se realizou. Sinta seu desejo realizado agora. Faça isso até saber que seu desejo lhe pertence, como você sabe que seu nome lhe pertence. Com algumas coisas, você chegará a esse estado em apenas um ou dois dias. Outras coisas podem levar mais tempo. Então, simplesmente continue a vida, com o máximo de bons sentimentos que puder, porque, quanto melhor você se sentir, mais receberá seu desejo.

Painel de Visualização

Se quiser que seu desejo se realize ainda mais depressa, recomendo enfaticamente que você se cerque de fotos de todas as coisas que quer. Você pode fazer isso com um painel de visualização. Ao criar seu painel de visualização, deixe sua imaginação correr solta e ponha nele imagens de todas as coisas que quer – carros, casas, férias, roupas caras –, tudo que represente com imagens como você quer que seja sua vida.

Se for bom no Photoshop, coloque-se na imagem – viajando pelo mundo, dirigindo um carro esportivo, frequentando eventos de gala e convivendo com pessoas famosas. Ou use seu talento gráfico para forjar um extrato bancário mostrando um saldo de um milhão de dólares, ou crie a escritura da sua nova casa. Sei de um homem que criou um crachá da empresa onde desejava trabalhar e o prendeu no painel de visualização; deu certo, pois o ajudou a conseguir o emprego.

Os painéis de visualização funcionam porque são um lembrete visual constante; toda vez que olha seu painel de visualização, você grava na mente a imagem do que deseja. E, quando se concentra em seu painel de visualização e lhe dá sua plena atenção, ele estimula seus sentidos e provoca em você um sentimento positivo.

Portanto, ponha seu painel de visualização num lugar onde o veja e olhe todo dia. Sinta como é ter essas coisas agora. E, quando receber e sentir gratidão por receber, remova as fotos antigas e acrescente novas.

Faça de Conta

Outra coisa poderosa que você pode fazer para atrair dinheiro depressa é usar sua imaginação para aumentar sua *crença*. Para atrair dinheiro, você tem que acreditar que já o tem, mas, compreensivelmente, muita gente acha difícil acreditar que tem dinheiro quando está cheia de dívidas e lutando para pagar as contas.

Para acreditar que já tem o dinheiro que quer, use a imaginação e comece a fazer de conta! Seja como uma criança e faça de conta. Ao fazer de conta, você começará a acreditar que já recebeu. Então, você *receberá*. Isso funciona porque a lei da atração não sabe se você está fazendo de conta ou se aquilo é real. Ela simplesmente reage aos seus pensamentos e sentimentos. Você notará, enquanto finge e brinca de ser rico, que se sente imediatamente melhor a respeito do dinheiro, e, conforme se sente melhor, ele começará a entrar em sua vida.

Para começar a brincar, você pode baixar o aplicativo Secret to Money, com jogos para imaginar que você tem riqueza. A equipe de O Segredo desenvolveu esse aplicativo com base em brincadeiras que criei para transformar minha crença na falta de dinheiro em crença na abundância de dinheiro. Por exemplo, num dos jogos, você recebe cheques diários de quantias substanciais. O desafio é gastar o dinheiro em sua imaginação para que o fluxo de dinheiro continue chegando a suas mãos. Se você se dedicar aos jogos e treinos que inventei para o aplicativo, acredito que isso mudará seu modo de pensar no dinheiro e transformará radicalmente as circunstâncias financeiras da sua vida.

Se os aplicativos não o atraem, você pode baixar gratuitamente um cheque em branco do Banco do Universo em www.thesecret.tv. A equipe de O Segredo criou esse cheque para ajudar a reforçar a crença de que você está recebendo mais dinheiro agora. O Banco do Universo tem recursos ilimitados para você sacar, e você pode preencher o cheque em seu próprio nome com a quantia que quiser. Coloque-o em lugar de destaque e olhe-o todo dia, para que realmente acredite que tem aquele dinheiro *agora mesmo*. Sinta que tem esse dinheiro agora. Imagine todas as coisas que comprará e todas as coisas que fará com ele. Sinta como é maravilhoso! Saiba que esse dinheiro é seu, porque quando você pede ele é. Recebemos centenas de histórias de pessoas que trouxeram para si quantias substanciais usando o cheque do Segredo. Vimos famílias em dificuldades pagarem as dívidas com o cartão de crédito, no nível de dezenas de milhares de dólares, graças ao cheque de O Segredo; vimos desempregados arranjarem empregos bem pagos iguais à quantia que escreveram em seus cheques de O Segredo; vimos incontáveis casos de férias no exterior e casas e carros novos comprados por pessoas que descontaram o cheque de O Segredo; e vimos empresários atraírem oportunidades de negócios que lhes trouxeram milhões de dólares depois de preencher o cheque de O Segredo. É um jogo divertido que funciona de verdade!

Você também pode imaginar e criar seus próprios jogos em que finge que já tem o que quer. Por exemplo, quando estiver dirigindo seu carro velho, imagine que, na verdade, está dirigindo o carro novo que quer.

> *Um homem pôs um escudo de Porsche no volante do seu carro popular. Toda manhã, na ida para o trabalho, imaginava que envolvia com os dedos o volante do carro esportivo dos seus sonhos. Pouco depois, seu modelo Porsche favorito, na cor preferida e com baixa quilometragem, apareceu à venda numa concessionária local. Ele testou o carro e se apaixonou por ele. Fez uma oferta, mas o vendedor não quis negociar. O homem esperou alguns dias, mas nesse meio-tempo o carro foi vendido. Ele voltou a dirigir seu carro antigo, com o escudo de Porsche no volante. Espantosamente, o carro reapareceu na loja. Era exatamente o mesmo que ele tinha testado. Por algum motivo, o comprador*

precisou devolvê-lo, e agora o veículo estava sendo revendido a um preço mais baixo. O homem conseguiu comprar seu carro dos sonhos a preço acessível, tudo graças ao seu Porsche popular de faz de conta.

Enquanto finge ou faz de conta que tem o que quer, preste atenção nos seus sentimentos. Quando as crianças fazem de conta, sua imaginação é tão forte que engaja automaticamente os sentimentos. Observe as crianças brincarem; para elas, o faz de conta é uma segunda natureza, e elas serão uma ótima inspiração para você. Lembre-se de que a lei da atração não sabe se algo é real ou imaginário!

Não importa como você escolhe fazer de conta, se com jogos, aplicativos ou outro método. O importante é engajar plenamente a imaginação. Imagine sua vida do jeito que você quer que seja. Imagine tudo o que quiser. Leve sua imaginação consigo todo dia e imagine como seria se sua carreira de repente decolasse. Imagine como seria sua vida se você tivesse dinheiro para fazer o que ama. Imagine como se sentiria se pudesse fazer o que quer fazer. Se quer viajar, imagine-se e sinta-se viajando, em vez de imaginar todo dia que você não tem dinheiro para viajar, porque é mais provável que seja o que você vem fazendo até agora.

Há muitas coisas simples que você pode fazer com sua imaginação que são incomensuravelmente poderosas e podem ajudá-lo a acreditar que está recebendo a abundância que pediu.

LIÇÃO 7
Carreira e Negócios

Você está destinado a ter uma vida extraordinária! Isso inclui todos os aspectos da vida, dos relacionamentos à saúde e às finanças. Também inclui seu trabalho. Seu trabalho deve ser gratificante e empolgante, e você está destinado a realizar todas as coisas que adoraria realizar na sua vida profissional.

Se tem um emprego em tempo integral, provavelmente você passa uns 250 dias do ano trabalhando. Duzentos e cinquenta dias são mais de dois terços do ano, e se o que você faz não lhe acende o fogo da paixão e da empolgação, você está desperdiçando muitos dias preciosos da sua vida.

Muitos de nós separamos do trabalho a ideia de paixão e empolgação, e não amamos o que fazemos todo dia. Mas a vida não tem que ser assim. O fato de que há pessoas vivendo seu sonho no trabalho lhe diz que isso é possível para você também.

Qual É Seu Emprego dos Sonhos?

Você consegue imaginar um serviço de que goste tanto que nem pareça trabalho?

Ou que você faria sendo ou não pago para fazer?

Não há melhor sensação no mundo do que encontrar o emprego dos sonhos e vivê-lo. Trabalhar por pura alegria, acordar e ficar empolgadíssimo nas segundas-feiras, amar tanto o que faz que a ideia de longas férias parece chata... Isso é viver!

Você *deveria* amar seu trabalho, seja ele qual for, e se empolgar para ir trabalhar, e não deveria aceitar nada abaixo disso. Se não se sente assim com seu emprego atual ou se ele não é seu emprego dos sonhos, o jeito de receber esse emprego dos sonhos é pela lei da atração.

Se quiser atrair seu emprego dos sonhos, é importante se lembrar de como a lei da atração funciona. Você

sabe que, para atrair qualquer coisa, é preciso pedir o
que quer, acreditar que é seu e, depois, sentir-se como
espera se sentir quando a receber. E isso é verdade em
sua carreira, como em qualquer outra coisa. Portanto,
não dê ouvidos a quem tenta lhe dizer que você não
tem o que é preciso para conseguir seu emprego dos
sonhos. Como eu já disse, não importa quem você
é nem de onde vem; você pode ter, fazer e ser tudo
o que escolher.

*Um patrulheiro do gabinete do xerife sonhava em ser
promovido a sargento e se tornar supervisor. Ele se
candidatava toda vez que havia vagas, mas era sempre
preterido em prol de outros candidatos com menos
credenciais e experiência. Ele obtinha bons resultados
na prova escrita, mas a entrevista pessoal é que o
prejudicava. Ele estava convencido de que era porque
alguém do grupo de seleção não gostava dele. Toda
vez, ele passava pelo processo esperando perder para
alguém menos capaz e toda vez acertava.*

*Quando sua mulher lhe apresentou a lei da atração,
ele percebeu onde estava errando. E quando surgiu
uma nova vaga, ele se candidatou, mas dessa vez
acreditando que podia ser escolhido. Visualizou-se
trabalhando como supervisor e até começou a se
referir a si mesmo, em particular, como "sargento".
Ele exprimiu gratidão pelo emprego e por todos com
quem trabalhava. Procurou os outros candidatos e
lhes desejou sorte, incentivando-os e lhes dizendo
que eram todos dignos da promoção. Quando entrou
na entrevista, ficou contentíssimo ao descobrir*

que a pessoa que, aparentemente, não gostava dele não estava lá. Ficou mais tranquilo do que nunca e impressionou a mesa com sua confiança, sua humildade e seu potencial de liderança.

Depois da entrevista, ele saiu sorridente e foi para casa descansar e liberar todas as dúvidas e toda a negatividade. Mais tarde, recebeu um telefonema do xerife, que lhe ofereceu a promoção ao posto de sargento, exatamente como ele sempre quis.

Concretize Seu Emprego dos Sonhos

Se você deseja o emprego dos sonhos, pense em tudo o que quer que esse emprego seja. Pense nas coisas importantes para você, como o tipo de trabalho que quer fazer, como quer se sentir nele, o tipo de empresa onde quer trabalhar, o tipo de pessoa com quem quer trabalhar, quantas horas quer trabalhar, onde quer que seja o local de trabalho e o salário que quer receber. Seja bem claro a respeito do que quer no emprego pensando meticulosamente em tudo e escrevendo todos os detalhes.

Tente usar todos os sentidos para visualizar e imaginar todos os aspectos do emprego ou da carreira que quer até realmente sentir que é o que está vivendo.

Com a prática, você verá que é fácil imaginar que tem seu emprego dos sonhos, ver-se chegando ao trabalho e passando pela porta. É fácil imaginar-se sentando à sua mesa ou em seu espaço de trabalho, ligando o computador e começando a trabalhar. É fácil imaginar que olha o contracheque e vê o salário que pediu. Quando imagina que tem esse emprego dos sonhos, você sente que o tem agora, e essa é a deixa para a concretização dele!

Como tudo o que você quer trazer para sua vida, não é com o *como* vai receber o emprego ou a oportunidade de carreira dos seus sonhos que você deve se preocupar. O Universo moverá todas as pessoas, circunstâncias e eventos para concretizar seu desejo numa orquestração que, para você, seria impossível organizar. Portanto, esqueça como receberá o que pediu e sinta como se já o tivesse recebido.

Para apressar a concretização, talvez você queira agir como se já tivesse recebido o emprego dos seus sonhos. Seja criativo; há inúmeras coisas que você pode fazer com a imaginação. Por exemplo, pode criar um novo papel timbrado para você ou um cartão de visitas com os detalhes do seu emprego dos sonhos – o nome da empresa, seu cargo e onde fica seu escritório.

> *Conheço alguém que escreveu uma carta de oferta de emprego, detalhando seu cargo dos sonhos, o tipo de trabalho envolvido e o salário. Essa pessoa também se deu ao trabalho de redigir vários e-mails de felicitações que receberia por conseguir um cargo tão bom. Então,*

depois de passar por várias entrevistas e realmente receber a oferta de emprego, o único detalhe inexato era o salário — na verdade, era bem maior!

Outra coisa que você pode fazer é planejar a viagem para o trabalho, configurar o alarme e ajustar seus horários em torno do novo emprego, como se você já o tivesse.

Foi o que uma recém-formada fez depois de se candidatar sem sucesso a várias vagas. Ela percebeu que não estava pensando e agindo como se já tivesse o trabalho. Em vez disso, seus pensamentos e suas ações diziam que ela ainda procurava emprego, e assim, pela lei da atração, ficaria sempre procurando. Foi aí que ela decidiu viver como se já estivesse empregada.

Ela começou a se levantar cedo em vez de dormir até tarde. Planejava a roupa que usaria para ir trabalhar a cada dia e abriu uma conta no banco para receber seu salário. Melhorou a datilografia e os conhecimentos em informática para estar pronta para o emprego. E começou a sair com amigos depois que eles saíam do trabalho e a gostar de ouvi-los falar sobre o que faziam. Também começou a fazer um diário e a escrever nele tudo sobre seu emprego imaginário. Escrevia sobre a gratidão pelo chefe e pelos colegas e como adorava trabalhar para a empresa. Logo ela passou a realmente acreditar e sentir que fazia parte de uma equipe.

Quinze dias depois de começar a agir como se tivesse um emprego, um amigo a recomendou para uma vaga perfeita para ela. A moça se candidatou e, pela primeira vez, se convenceu de que conseguiria o trabalho. Acertou. O mais extraordinário foi que, quando releu o diário, ela percebeu que tinha descrito aquele mesmo emprego e aquele mesmo lugar; ela literalmente se imaginou no emprego dos seus sonhos.

Quando estiver procurando emprego, siga o exemplo dessa mulher e comece a fazer o que fará quando estiver no emprego dos seus sonhos.

Apreciação pelo Emprego Atual

Mesmo que ainda não saiba qual é seu emprego dos sonhos, há algo que você pode fazer agora que acelerará a concretização dele: dedique-se ao máximo ao que está fazendo agora. Mesmo que, em última análise, você saiba que quer um emprego diferente do que tem, dê toda a atenção ao seu emprego atual e lhe dedique o seu melhor. Com isso, você realmente vai se tornar maior do que seu emprego atual e, com o tempo, as portas se abrirão para levá-lo ao seu emprego dos sonhos!

Mas saiba também que, se reclamar do emprego atual e continuar a se concentrar em todas as coisas negativas, você nunca trará esse emprego dos sonhos. É preciso procurar coisas às quais agradecer em seu emprego atual. Cada coisa pela qual se sente grato ajuda a lhe trazer aquele emprego melhor.

Ao mesmo tempo, se for grato pelo emprego que tem, mesmo que não seja o emprego dos sonhos, a situação começará a mudar para que você goste mais dele. Você encontrará todos os tipos de oportunidade, promoção, mais dinheiro, ideias e inspirações brilhantes e muito mais apreciação por seu trabalho. E descobrirá que, quanto mais gratidão tiver por seu emprego, mais terá a agradecer!

Isso acontece porque, quando é grato por seu trabalho, automaticamente você se doa mais a ele, e quando se doa mais ao trabalho, mais dinheiro e mais sucesso lhe são devolvidos. Se não for grato por seu trabalho, automaticamente você se doará menos. Quando se doa menos, você reduz o que lhe retorna, seu emprego fica estagnado e você pode até acabar perdendo-o. Como os antigos textos espirituais nos avisam, para os que não têm gratidão, até o que têm lhes será tirado.

Portanto, pense em todas as coisas pelas quais pode ser grato no seu trabalho. Para começar, pense no fato de que realmente tem um emprego! Pense nos desempregados que dariam *tudo* por um emprego. Pense nas pessoas com quem trabalha e na amizade que tem por elas. Pense nos colegas valiosos que tornam seu trabalho mais fácil. Pense nos aspectos favoritos do seu emprego, os que você adora, e pense em como é bom receber o salário.

Infelizmente, a maioria nem se sente bem quando é paga, porque se preocupa muito em fazer o dinheiro durar. Essas pessoas perdem uma oportunidade incrível de agradecer ao contracheque para que ele se multiplique. Sempre que algum dinheiro chegar às suas mãos, por menor que seja, agradeça! Lembre-se, aquilo pelo qual você agradece se multiplica.

Trabalhar por Pura Alegria

Se já pensou que a única maneira de o dinheiro chegar até você é pelo emprego, abandone essa ideia agora mesmo. Consegue apreciar isso enquanto continua a pensar que essa *tem* que ser sua experiência? Essa ideia não lhe serve.

Na verdade, o dinheiro pode lhe chegar de muitas formas; não se limita, de modo algum, ao emprego ou ao salário. A lei da atração é o que move todo o dinheiro do mundo, e quem usa a lei corretamente é um ímã de dinheiro.

Quando valorizar essa verdade, você estará livre para procurar o trabalho que ama em vez de aceitar um emprego só pelo dinheiro.

Se estiver fazendo um serviço porque acredita que aquela é a única maneira de ganhar dinheiro e não ama o que faz, você nunca terá riqueza real nem o emprego que ama. Lembre-se, você só pode atrair o que quer quando se sente bem. Portanto, se não se sente bem no trabalho, você nunca atrairá a riqueza que deseja, nem pelo salário, nem por outros meios.

Você está destinado a trabalhar por pura alegria. Está destinado a trabalhar porque isso o emociona e o empolga. Está destinado a trabalhar porque ama o trabalho. Quando você ama o que faz, o dinheiro vem atrás!

Infelizmente, muitos levam uma vida imposta por pais, professores, a sociedade e até um amigo ou um parceiro, todos bem-intencionados. Aceitaram um emprego de que não gostam porque foram convencidos de que era tudo o que mereciam, ou porque era uma escolha segura e respeitável, ou porque ficava bem no currículo. Talvez tenham começado amando o emprego, mas com o tempo o trabalho se tornou um suplício. Deixaram a segurança no emprego ditar suas escolhas de vida.

No fim do dia, ter o emprego que você acha que deveria ter em vez de fazer o que ama é levar uma vida falsa. Como já disse o investidor bilionário Warren Buffett, "é meio como poupar o sexo para a velhice!".

Se estiver nessa situação, é quase certo que seu emprego atual não é seu emprego dos sonhos. Você precisa cavar mais fundo e se perguntar se, em algum ponto do caminho, você pôs seus sonhos de lado. Portanto, reflita:

O que você faria se pudesse fazer *qualquer coisa*?

O que você faria se o dinheiro não fosse uma questão?

E o que você faria se o sucesso fosse garantido?

Quando souber a resposta a essas perguntas, você terá redescoberto seus sonhos.

Portanto, cale os pensamentos dos outros, tenha coragem de seguir seus próprios sonhos e seja imensamente feliz. Mesmo que pense que não pode mudar por causa da necessidade de segurança e das suas obrigações, nunca é tarde demais; há muitas formas de buscar seus sonhos, e é muito mais fácil do que você pensa.

É possível que você sinta as dúvidas esgueirando quando pensa nas possíveis consequências de largar um emprego seguro para ir atrás dos seus sonhos.

Caso se veja em dúvida, peça ao Universo provas de que está tomando a decisão certa. Lembre-se, você pode pedir qualquer coisa!

Algo Melhor Está Vindo

Com muita frequência, quando as coisas mudam na vida, resistimos à mudança. Isso acontece porque temos medo de que grandes mudanças signifiquem uma situação pior. Mas é importante lembrar que, quando algo grande muda em nossa vida, algo melhor está vindo. Não pode haver vácuo no Universo, e, quando algo sai, outra coisa precisa vir para substituí-lo. Quando a mudança vier, relaxe, tenha fé absoluta e saiba que a mudança é para *o bem*. Algo mais magnífico está vindo para você!

Eu trabalhava numa rede de TV como produtora e costumava sonhar em abrir minha própria empresa de produção. Mas nunca faria isso, porque tinha família para sustentar, o emprego pagava bem e precisávamos do dinheiro para comer e ter um teto sobre a cabeça. Eu me agarrava com todas as forças à segurança daquele emprego, apesar de muita gente insistir em que eu abrisse minha própria empresa.

Então, fui demitida.

Fiquei em choque. Como iríamos comer? Como pagaríamos a educação das nossas filhas?
Como pagaríamos a hipoteca da casa?

Uma opção que eu tinha era procurar emprego em outra rede de TV. Mas não aguentava a ideia de voltar a fazer o que fazia. Percebi que, como tinha sido demitida, eu não tinha nada a perder. Assim, numa mesa com cadeiras de plástico no quarto dos fundos da nossa humilde casa, comecei a trabalhar em ideias para programas de televisão. Desenvolvi uma ideia e criei um discurso de venda de um programa, embora não tivesse a mínima ideia de como vender. Mas acreditava na ideia, e assim, com o coração batendo forte e as pernas trêmulas, apresentei a ideia aos executivos de uma das redes. O programa foi encomendado na mesma hora, e, quando foi ao ar, teve um sucesso imenso e se tornou uma longa série.

Ao ser demitida, recebi as circunstâncias perfeitas para abrir minha própria empresa e viver meu sonho, e assim até hoje sou muito grata àquela rede de televisão por ter me demitido. Sem eles, eu não teria coragem de largar meu emprego e deixaria de viver a jornada mais empolgante e gratificante da minha vida.

Torne-se Seu Próprio Chefe

Para muita gente, o sonho da vida profissional pode ser abrir uma empresa própria, como era o meu. Perceber que só você e mais ninguém pode realizar seus sonhos é um grande passo. Nem seu chefe, seus colegas, clientes ou fregueses, nem seu parceiro, sua família e seus filhos podem viver sua vida por você. Você é responsável por criar uma vida que o deixe feliz e realizado. Ninguém mais pode fazer isso por você.

Até agora, você deve ter achado impossível administrar sua própria empresa. Mas é preciso abandonar as opiniões, crenças e conclusões que você tem a respeito de si mesmo, porque são elas que o impedem de realizar seu sonho. Não se compare com mais ninguém, porque dentro de você há um potencial que mais ninguém no planeta tem. Abandone todos os pensamentos limitantes do que pensa ser possível e abra sua mente a todas as possibilidades.

Um alto executivo de uma multinacional foi transferido para a diretoria, em condições que considerou inaceitáveis. Assim, depois de 25 anos de serviço, ele tomou a decisão de procurar outra coisa. Seu primeiro instinto foi se lançar por conta própria, pois sempre sonhara ser empresário.

Ele tomou algumas providências exploratórias, procurou salas comerciais e recursos técnicos, enquanto visualizava sua nova empresa com todos os detalhes. No entanto, o risco de abandonar a segurança do emprego era bastante assustador para alguém que passara tanto tempo como funcionário.

Mais ou menos nessa época, um concorrente internacional de seu empregador surgiu em cena planejando se lançar naquele novo mercado. O homem se reuniu com a empresa e recebeu a oferta de comandar a nova divisão de operações. Ele não abandonou seu sonho de abrir a própria empresa, mas a oferta era boa demais para ser recusada. Ele pediu demissão do emprego e se preparou para recomeçar.

Foi então que teve uma grande surpresa. Devido à incerteza econômica e às flutuações do mercado de ações, a empresa precisou alterar a oferta. Mas, para não deixá-lo na mão, dariam apoio financeiro para ele abrir sua própria empresa e seriam seu principal cliente. O homem então pôde se tornar o empresário que sempre quis ser, mas com a segurança financeira que desejava.

Os Princípios Secretos do Sucesso

Se você tem sua empresa ou sonha em abri-la, há princípios específicos de O Segredo que você simplesmente *tem* que aplicar a ela para que tenha esperanças de sucesso e evite as armadilhas em que muitas empresas novas caem.

O primeiro deles é na área da competição. A maioria, quando pensa no mundo dos negócios, imagina uma batalha de tubarões para sobreviver. Mas, quando pensa nos negócios dessa maneira, você está pensando a partir da mentalidade da *falta*, pois pressupõe que a oferta é limitada. Você pensa que não há o bastante para todos, e assim é preciso competir e lutar para obter as cosias. Outra pessoa tem que perder para você ganhar. Mas, quando compete, você nunca vence, mesmo quando pensa que venceu. Pela lei da atração, quando compete você atrai muitas pessoas e circunstâncias para competir contra você em todos os aspectos da vida. Mas, no fim, você vai perder. Todos somos Um, e, quando compete, você compete contra si mesmo. É preciso tirar a competição da cabeça e se tornar uma mente criativa. Concentre-se apenas nos *seus* sonhos, na *sua* visão, e tire da equação toda a competição.

O segundo princípio de O Segredo para os negócios é a gratidão. Se você tem uma empresa, o valor da empresa aumentará ou diminuirá de acordo com sua gratidão. Quanto mais grato você for por sua empresa, seus clientes e seus funcionários, mais a empresa vai crescer. É quando os donos deixam de ser gratos e substituem a gratidão pela preocupação que a empresa desmorona.

O terceiro princípio de O Segredo a aplicar em sua empresa é desenvolver e manter uma mentalidade de riqueza. Se você tem uma empresa mas ela não vai tão bem quanto você gostaria, então provavelmente é por causa da sua mentalidade – os pensamentos que você tem e o modo como se sente. A maior causa da queda das empresas é ter maus sentimentos a respeito da falta de sucesso. Mesmo que a empresa esteja indo bem, se reagir com maus sentimentos quando houver uma leve queda você fará sua empresa declinar ainda mais.

Toda a inspiração e as ideias que farão sua empresa disparar a níveis que você nem consegue imaginar estão disponíveis no poder criativo infinito do Universo.

Imagine o sucesso e faça o que puder para se animar e se sentir bem. Quando se anima, você anima sua empresa. Em todas as partes da vida, todos os dias, ame tudo o que vir, ame tudo em volta e ame o sucesso de outras empresas como se fosse o seu. Quando se sente muito bem com o sucesso, não importa de quem seja, você o atrai para si!

O quarto e último princípio de O Segredo para
os negócios é que você *nunca* deve tirar dinheiro
de ninguém sem dar o *equivalente* ao valor que
recebeu. É a chamada regra da troca justa, e, quando
incorporar essa regra como prática de negócios, você
estará verdadeiramente vivendo a lei da atração.
A desobediência a essa regra é uma das principais
causas da falta de sucesso nos negócios. Portanto,
cuide para sempre fazer uma troca justa em *todas* as
suas transações comerciais – tanto com fornecedores
quanto com clientes e fregueses. Se der um valor
menor do que receber, estará tirando de alguém, e você
simplesmente não pode tirar de ninguém na vida sem
que tirem de você. Em vez disso, você deve se esforçar
para dar um valor igual ao que está recebendo. A única
maneira de você ter certeza de que está dando um
valor igual é dar *mais* do que está recebendo. Se der
mais do que recebe, sua empresa vai decolar.

Quer você decida se lançar nos negócios, quer continue
a receber um salário e buscar o emprego dos seus
sonhos, esta lição é verdadeira: nunca tire de ninguém,
nem em lucros, nem em salário, sem dar em troca
mais do que recebeu. Na vida de muita gente, essa é a
razão da falta de dinheiro, de experiências de trabalho
malsucedidas e de empresas falidas. Portanto, sempre
dê mais do que está recebendo – no emprego, na
empresa e em todas as partes da vida.

LIÇÃO 8

DOAR E COMPARTILHAR

A prosperidade é seu direito de nascença, e você tem nas mãos a chave de mais abundância do que consegue imaginar. Você merece todas as coisas boas que quiser, e o Universo lhe dará todas as coisas boas que quiser, mas você tem que convocá-las para sua vida. Agora você conhece O Segredo e, talvez pela primeira vez na vida, será capaz de comprar as coisas que sempre quis, viajar para onde sempre quis e fazer as coisas que sempre quis. Ao lado disso, você tem a incrível oportunidade de *dividir* seu sucesso com a família e os amigos, para que a vida deles também melhore.

Você pode ser, fazer e ter tudo o que quiser, mas boa parte do que você quer ser, ter ou fazer vem do desejo de dividir essas coisas com as pessoas mais próximas. Se você pensar bem, sem alguém para dividir essas coisas há pouquíssimo desejo de ser, ter ou fazer qualquer coisa. Não haveria motivação que o fizesse se levantar pela manhã, trabalhar, aprender, ganhar mais dinheiro, construir uma empresa ou criar uma vida melhor.

São seus contatos e suas experiências com os outros que dão propósito à sua vida e à sua ambição de ter sucesso. Não só isso, mas a alegria de dividir com as pessoas próximas é tão boa que ajuda seu sucesso a ter ainda mais poder.

Minha História

Em minha própria vida, eu me inspirei para criar o projeto O Segredo e dividir esse conhecimento com o mundo, assim como com meus amigos e familiares.

Tive um início muito humilde. Meus pais trabalharam muito a vida toda, mas nunca tiveram muito dinheiro. Quando meu pai morreu, além de ficar sem o amor de sua vida, minha mãe também ficou com pouquíssimos recursos financeiros, e ela não tinha renda. Meu pai morreu antes do sucesso de O Segredo e não chegou a ver esse sonho se realizar. Mas minha mãe viu. Ela passou a vida toda mal conseguindo pagar as contas do mês e, depois de O Segredo, tudo mudou.

Eu me lembro de um dia específico em que minha mãe me ligou chorando. Ela foi a uma loja e comprou várias peças de roupa. Estava em prantos porque, pela primeira vez na vida, comprara roupas sem ter que perguntar o preço.

Se teve a sorte de ter um pai ou uma mãe que dedicou a vida ao seu crescimento e seu bem-estar, você entenderá como me senti naquele dia. Nada que eu pudesse dar à minha mãe se igualaria ao que ela me deu na vida.

Retribuir

Quando domina O Segredo e atrai uma vida de abundância, você não consegue parar de retribuir e fazer diferença na vida dos outros. A compaixão que sente pelas pessoas é tão grande que, não importa o que faça, não importa quanto dê, você só quer fazer mais.

Quando retribui do jeito que pode, pequeno ou grande, não importa, a felicidade que sente por saber que ajudou outro ser humano nunca o abandonará. A alegria e a felicidade são tão grandes que podem levar você a questionar todo o propósito da vida. Na verdade, o propósito da vida é a alegria, e qual você acha que é a maior alegria da vida? É doar!

Se alguém me dissesse, alguns anos atrás, que a maior alegria da vida é doar, eu não acreditaria. Eu diria: "É bonito de dizer, mas estou lutando para sobreviver e mal consigo fechar o mês, portanto não tenho nada para doar."

Naquele momento da vida, eu estava no meu ponto mais baixo com dinheiro: tinha vários cartões de crédito estourados, meu apartamento estava hipotecado até o talo e minha empresa devia milhões de dólares. Mas, por ter descoberto recentemente a lei da atração, percebi que tinha de me sentir bem com o dinheiro a fim de trazê-lo para mim. Não foi nada fácil, porque a cada dia eu enfrentava uma dívida crescente, com o salário do pessoal atrasado e faturas imensas a pagar. Portanto, tomei providências drásticas.

Fui até o caixa eletrônico mais próximo e retirei várias centenas de dólares com meu único cartão de crédito que ainda não estava estourado. Eu precisava demais daquele dinheiro para pagar as contas e comprar comida, mas peguei o dinheiro na mão, fui para uma rua movimentada e dei o dinheiro aos pedestres.

Foi a primeira vez na vida que senti amor ao dinheiro. Mas não foi o dinheiro em si que me fez sentir amor, foi doá-lo aos outros. Depois, fiquei com lágrimas de alegria de tão bom que foi doar dinheiro.

No dia útil seguinte, recebi um pagamento inesperado de 25 mil dólares pela compra das minhas ações da empresa de um amigo – investimento que eu tinha esquecido. Aquele dinheiro foi um presente dos céus, que me permitiu manter a empresa e terminar o documentário *O Segredo* em que estávamos trabalhando na época.

Eu não doei dinheiro para me trazer o dinheiro de que eu tanto precisava. Eu o doei para me sentir bem com o dinheiro. Queria mudar uma vida inteira me sentindo mal com ele. Se eu tivesse doado aquele dinheiro para receber dinheiro, nunca daria certo, porque significaria que a falta de dinheiro, que é negativa, me motivava, em vez de ser motivada pelo amor. Mas, se você doar dinheiro e sentir amor quando o doar, com certeza ele voltará para você.

Doar por Pura Alegria

Você tem que se sentir bem quando doa dinheiro para que o dinheiro volte para você. A razão disso é que, quando é generoso com dinheiro e se sente bem ao dividi-lo, você emite uma frequência que diz "tenho o bastante". Essa frequência é então igualada pela lei da atração, e você sempre terá dinheiro o bastante. No entanto, a doação tem que ser uma doação sem expectativa de retorno – uma doação pela pura alegria de doar.

É comum as pessoas não entenderem muito bem essa questão importante de doar. Só doam com expectativa de retorno. Isso é doar com segundas intenções; não pela pura alegria de doar, e com certeza não é doar com amor.

Por outro lado, doar com o coração transbordante de amor faz a gente se sentir muito melhor. Na verdade, é uma das coisas mais alegres que se pode fazer. Quando doa com todo o coração, você transmite a mensagem de "dinheiro o bastante", e a lei da atração vai captar essa mensagem e inundar ainda mais sua vida.

No entanto, não se pode burlar a lei da atração. Sua doação tem que ser sincera e você tem que senti-la no coração. Se sua situação financeira não lhe permite sentir amor sincero no coração quando doa dinheiro, provavelmente você deveria reconsiderar a doação. Em vez disso, você pode doar de muitas outras maneiras igualmente poderosas. Doe amor e apreciação aos outros. Doe gratidão pelo que tem. Doe ajuda, doe um gesto de bondade, doe um sorriso e doe o melhor de si a todos que encontrar. Enquanto agir com doação sincera, a lei da atração responderá, e você receberá o que quer em todas as áreas da vida por meio de pessoas, circunstâncias e eventos.

Um casal com quatro filhos encontrou a casa dos sonhos, mas, infelizmente, estava muito além de seu orçamento. Mesmo assim, o marido visualizou a família morando naquela casa com tanto sentimento e alegria que veio a acreditar que ela seria deles.

Duas semanas depois, o homem foi almoçar num restaurante não muito longe da casa dos sonhos. Na fila para pagar a conta, uma senhora idosa estava explicando que havia esquecido a bolsa no carro. Ela pediu desculpas e foi buscar o dinheiro. O homem pagou e foi para o estacionamento, onde encontrou a senhora em pé junto ao carro, parecendo angustiada. Ele se aproximou para ver qual era o problema. Ela fechara o carro com as chaves e a bolsa lá dentro. Ele lhe perguntou se ela tinha a chave reserva; ela respondeu que sim, mas estava em casa. O homem então se ofereceu para levá-la até lá e trazê-la de volta, e ela aceitou agradecida.

Foi então que descobriu que a casa dela era exatamente a que ele e a esposa queriam comprar. Ela entrou para buscar a chave reserva, e ele passou aqueles poucos momentos visualizando como seria morar lá, como fizera nas duas semanas anteriores. Quando a senhora voltou, ele lhe disse que amava aquela casa e que a compraria se tivesse dinheiro. Ela o olhou, pensativa, e lhe perguntou quanto ele poderia pagar. Ele ficou um pouco sem graça, mas disse a quantia. A senhora pensou um pouco em silêncio e o surpreendeu quando disse: "Tudo bem, a casa é sua."

Ele acabou comprando a casa dos sonhos por uma pechincha. E tudo como consequência direta de ajudar sem qualquer expectativa de retorno.

Há muitas oportunidades de doar e, assim, abrir a porta para receber. Doe palavras gentis. Doe sorrisos. Doe apreciação e amor. Na verdade, seu amor, sua alegria, sua positividade, sua empolgação, sua gratidão e sua paixão são as verdadeiras e duradouras dádivas da vida. Todas as riquezas do mundo não chegam nem perto da dádiva mais inestimável de toda a criação: o amor dentro de você. E, enquanto doar com amor, a lei da atração terá que lhe devolver a pura alegria e a felicidade indizível de tudo o que você quer e ama.

Resumo

O Segredo para o Dinheiro

Cada coisa que fizer deve ser por pura alegria, seja em relação à carreira, aos negócios ou a qualquer outro aspecto da vida. O propósito da vida é a alegria, e nada deveria vir antes disso, inclusive o dinheiro. Infelizmente, gente demais põe o dinheiro na frente da alegria e de todas as coisas que ama fazer. Transforma ganhar dinheiro no propósito de sua vida. Transforma o dinheiro no seu Deus.

Não me entenda mal. O dinheiro e todas as coisas materiais que compramos com ele são maravilhosos, e vivenciá-los é um dos grandes prazeres de viver na Terra. No entanto, pelo condicionamento da sociedade, podemos ser levados a pensar que a aquisição e o acúmulo de coisas materiais é o propósito da vida. Se fossem o propósito da vida, as coisas materiais trariam a verdadeira felicidade, a realização e a satisfação, e nunca precisaríamos comprar outras coisas. A felicidade que sentimos ao obter essas coisas não seria passageira, mas duradoura.

Se adquirir coisas materiais fosse nosso propósito na vida, seríamos capazes de levá-las conosco quando partimos. Você sairia para pegar o jornal pela manhã e veria que a casa do velho Joe, no outro lado da rua, teria sumido, porque ele a levou consigo. Não podemos levar as coisas materiais conosco porque elas não são quem somos; embora façam parte da alegria de viver na Terra, elas não são o propósito da vida.

É claro que todos precisamos de comida, abrigo e roupas, além das coisas que gostamos de ter porque enriquecem a vida, mas a busca por bens materiais por si só nos rouba a liberdade de ter uma vida verdadeiramente gratificante. Não faça da segurança financeira e da busca por bens materiais o propósito de sua vida. Em vez disso, faça da felicidade o propósito de sua vida.

A verdade é que cada ser humano do planeta só quer ser feliz. Tudo o que desejamos, desejamos porque achamos que esse desejo nos fará felizes. Seja saúde, dinheiro, um relacionamento amoroso, coisas materiais, realizações, um emprego, o que for – o desejo de felicidade está no fundo de tudo isso. Ironicamente, quando somos felizes, atraímos todas as pessoas, circunstâncias e eventos que nos trazem mais felicidade. As coisas felizes são a cereja do bolo, mas o bolo é a felicidade.

Se ainda não sabe como escolher a felicidade, faça simplesmente as coisas que ama e lhe dão alegria. Se não sabe o que lhe dá alegria, faça-se a seguinte pergunta: "Minha alegria é o quê?" E, quando você encontrar a resposta e se comprometer com ela, a lei da atração despejará uma avalanche de coisas, pessoas, circunstâncias, eventos e oportunidades alegres em sua vida, tudo porque você é alegria radiante.

A ironia é que, quando escolhe alegria e felicidade em vez de segurança financeira, você terá tudo: riquezas materiais e uma vida rica, feliz e alegre.

> Que a alegria esteja com você!
>
> *Rhonda Byrne*

CONHEÇA OS LIVROS DE RHONDA BYRNE

A Magia

O Segredo

Como o Segredo mudou minha vida

O Poder

Herói

O Segredo para o Amor, a Saúde e o Dinheiro

Para saber mais sobre os títulos e autores da Editora Sextante,
visite o nosso site e siga as nossas redes sociais.
Além de informações sobre os próximos lançamentos,
você terá acesso a conteúdos exclusivos
e poderá participar de promoções e sorteios.

sextante.com.br